KB125760

조선세프 서유구의
과자 이야기 3

법제과 · 점과편

임원경제지
전통음식 복원 및 현대화 시리즈

조 선 셰 프   서 유 구 의
과자 이야기 3

법제과·점과편

자연경실

머리말

〈정조지(鼎俎志)〉와 과정지류(菓飣之類)

보통 음식은 먹어서 몸을 살찌우고 생명을 유지하는데 기여한다. 과자는 생존을 위한 단계를 넘어서 보기도 좋고 먹어서 즐거운 향유의 대상이 된다.

흔히 멋과 맛이라는 두 단어 속에는 맛있는 것을 먹고자 하는 인간의 본능적인 탐식의 욕구와 멋을 통해 정신을 고양시키고자 하는 미식의 욕망이 함께 들어 있다. 과자는 어느 나라, 지역, 시대를 불문하고 멋과 맛의 욕구와 욕망을 대변하는 문화의 사절단 역할을 한다.

어디에 살며 무슨 옷을 입고 무엇을 먹으며 어떤 가치를 추구하는지에 따라 의식주는 긴밀하게 연결되어 하나의 생활문화로 완성된다. 과자 역시 이런 맥락에서 파악하는 게 좀 더 이해하기 쉽다.

옛사람들의 삶이 펼쳐진 한옥에는 4개의 공간이 존재했다. 남성들의 공간인 사랑채와 여성들의 공간인 안채, 청지기, 집사가 거주하는 행랑채가 있었다. 대문 주변 행랑채에는 머슴이 거주했다. 사당에는 조상의 신위를 모셨다.

문방과 접빈의 공간인 사랑방에서 사람을 접대하고 사당에서 조상에게 예를 갖추는 데 술과 다과는 중요한 위치를 차지했다. 다담상과 주안상, 제사상에 올려질 술을 빚고 과자를 만드는 일은 여성들에게 맡겨진 소임이었다. 조선 시대 부녀자들이 알아야 할 생활 지식을 모아 쓴 《규합총서(閨閤叢書)》내용 중 음식 만들기에 관한 지식을 모은 주사의 편을 봐도 술 담그기와 떡, 과자 만들기의 비중이 매우 큰 것을 볼 수 있다. 술이나 떡, 과자 같은 음식들은 일상식을 넘어서 신께 올리고 공동체를 유지하는 데 필요한 제물의 성격을 띠었다. 술을 올리고 귀한 과자나 떡같이 소중한 것을 조상이나 어른 혹은 손님에게 올리며 자아와 타자 사이의 분별심을 기를 수 있었다. 의례를 통해 주어진 역할을 수용하고 행하며 그에 맞는 처신을 하려고 노력했다. 아기가 어머니와 탯줄로 연결되어 있듯 생과 사를 단절이 아니라 삶의 연장선상에서 바라봤다.

떡이나 과자를 담는 게 아니라 문양을 새겨 괴어서 시각적 상징물로서 집단의 감정까지 고양시키고 교육시키는 효과를 얻었다. 과자 한 접시는 입을 즐겁게 하지만 상에 올려지고 괴면 눈과 마음으로 음미하며 자신을 낮추고 머리를 숙이는 겸허함을 익힐 수 있게 해준다.

〈정조지〉의 구성을 통해 과자를 살펴보면 우리 삶과 통하는 맥락을 발견할 수 있다. 사람의 일생은 농사지어 곡식을 얻고 개울에서 물고기를 잡고 산에서 열매를 주워 식재를 얻어 사람을 기르는 주식을 조리하고 치선(治膳), 즉 반찬을 적절하게 만들어 일상을 영위하며 과자, 떡, 술 같은 특별한 별식을 빚어 귀한 것은 조상께 고하고 올렸다. 조미료를 넣어 음식의 약성을 강화하거나 풍미를 만들고 계절에 맞게 시식을 통해 자연의 변화를 즐기며 명절에는 자연을 담은 절식을 만들어 먹었다.

〈정조지〉는 총 7권 11장으로 구성된 풍석 서유구가 쓴 《임원경제지(林園經濟志)》 16지 중 요리법을 모은 책이다. 저자 서유구 선생은 〈정조지〉 제1권에 식재를 다룬 식감촬요(食鑑撮要)를 배치하고 다시 그 안에서 절을 나누고 수류, 곡류, 채소류, 과류, 수육류, 조육류, 어류, 미류 8가지 식재의 본초학적인 특성과 먹는 법, 약성 등을 설명하고 있다. 제2권 2장, 3장, 4장은 각각 취류지류(炊餾之類), 전오지류(煎熬之類), 구면지류(糗麪之類)로 조리법과 가공 상태에 따라 곡류 중심의 주식을 다루고 있다.

제3권에서는 5장과 6장에 예를 갖추는 데 빠져서 안되는 음청지류(飮淸之類)와 과정지류(菓飣之類)를 함께 실었다. 제4권에는 채소 반찬을 하는 법을 담은 교여지류(咬茹之類)를 제5권에는 수육류, 조육류, 어류를 재료로 가르거나 삶아 만드는 고기, 생선 반찬을 하는 법인 할팽지류(割烹之類)가 나온다. 제6권에는 음식을 만드는 데 빠져서는 안되는 조미료에 관한 미료지류(味料之類)가 등장한다. 마지막 제7권 10장에는 의례용이나 음주용, 조미료까지 쓰임 많은 술을 다룬 온배지류(醞醅之類)가 16절에 걸쳐 있다. 제11장은 12절기의 음식을 소개한 절식지류(節食之類)

편으로 마무리한다.

이 중 과자 만드는 법을 다룬 과정지류는 밀전과(蜜煎菓), 당전과(糖纏菓), 포과(脯菓), 외과(煨菓), 법제과(法製菓), 점과(黏菓)의 총 6개의 절로 이루어져 있다. 우리가 흔히 한과로 알고 있는 과자류는 주로 밀전과와 당전과, 점과에 실려 있다.

서유구 선생은 과자의 성격을 3가지로 나누었다. 신맛을 제어하고 단맛을 입히는 밀전과와 당전과가 한가지고 과일의 수분과 목기(木氣)를 다스리는 포과, 외과를 실은 다음 법제과 편에서는 향약(香藥)을 써서 독을 제거하고 인체에 이롭도록 치우친 성질을 바로잡는 법제법을 다뤘다. 마지막 점과 편에서는 밀가루, 꿀을 반죽해 기름에 지지는 유밀과(油蜜果), 유과(油菓) 류를 실었다. 산자를 중국과 달리 과품으로 봐서 제사를 모시고 손님을 접대할 때 가장 앞자리 과품(菓品) 가운데 두었다. 기름지고 끈적거리고 오래 두어도 상하지 않는 점과는 조과의 한 형태다.

당전과 중 첨식(甜食) 편은 중국과 일본의 과자류를 첨가하여 참고하도록 하였다. 원재료를 그대로 살려 꿀에 졸이거나 설탕을 입히는 방법뿐만 아니라 설탕 자체의 과학적인 성질을 이해해 사탕을 만들거나 가는 수염 형태를 만드는 법, 가수저라, 전분의 성질을 이용한 구비당 만드는 법, 볶은 밀가루와 소유, 당로(糖滷)를 이용한 풍미가 뛰어난 중국, 일본의 과자 만드는 법까지 수록했다.

포과, 외과, 법제과는 과일을 햇볕에 말리거나 말려 가루내고 불에 굽거나 과일을 싸서 굽거나 섞어서 물에 담궈 한쪽으로 치우친 성질을 없앤 후에 향약으로 만들어 먹는 법으로 서로 유사한 성격을 잘 보여준다. 이는 밀전과와 당전과를 만들 때도 마찬가지로 과실 재료를 다룰 때 미리 법제를 하는 데 이용된다.

서유구 선생은 〈정조지〉 과정지류 편을 통해 한중일 과자 만드는 법을 모두 수록하고 과정지류(菓飣之類)라는 한자어 속에 과실이나 저장성을 높인 조과(造果)를 만들어 상에 올려 보기 좋게 고인다는 과자의 역할까지 담았다. 〈정조지〉와 과정지류라는 이름이 일맥상통한다고 볼 수 있으며 이를 통해 서유구 선생이 〈정조지〉 속에 담고자했던 정신까지 유추해 볼 수 있다. 음식은 본래 조리를 해서 일상식으로 먹기도 하지만 제기에 담아 올리는 흠향(歆饗)의 구체적 상징물이다.

또 한 가지 재미있는 점은 과정지류의 마지막 한과 편에 주로《옹치잡지(饔饎雜志)》와《증보산림경제》의 내용을 실었다는 점이다. 총론은 거의《옹치잡지》를 인용했고 당시 우리나라 사람들이 즐겨 먹는 한과를《옹치잡지》와《증보산림경제》를 인용해 보여주고 있다. 선생의 집필 의도를 살펴볼 수 있는 배치와 인용의 의도를 가늠하는 일은 의미가 있다.

중국식 방법 다음에 우리나라에서 하는 방식을 밑에 적어 제법을 비교해 볼 수 있게 한 점도 흥미롭다. 당시 조선 사회가 안고 있는 문제점을 개선해나가는 구체적인 방법을 그는 《임원경제지》를 통해 일관되게 제시하고 있다. 사유하고 놀이하며 행동하는 인간, 자연을 응시하고 사물과 관계를 맺으며 마침내 보편성을 획득한 지식이 모든 사람들에게 유용하게 쓰이길 바랐다.

장독 덮개로 머무른 채 가치를 제대로 평가받지 못했던 전통 지식의 보고인 《임원경제지》를 누구나 이용할 수 있게 됐다. 이 책을 보고 따라 해봐도 좋고 읽으며 저자를 만나봐도 좋다. 《조선셰프 서유구의 과자이야기 3》에서는 바람과 햇볕을 깊숙이 불러들여 사람에게 생명의 기운을 불어 넣어주는 전통과자를 만드는 법이 들어있다.

이제 과자의 국경도 없어지고 우리 입맛도 많이 변했다. 당연한 결과지만 원형에 대한 존중과 탐구는 계속되어야 하며 원형과 거기에 담긴 사람들의 생각을 읽고 먹어야 한과의 미래가 있다.

서양식 집에서 살고 서양 음식을 먹어도 한옥에 앉아 한과를 먹을 때의 편안함은 깊숙이 우리를 끌어 당긴다. 《조선 셰프 서유구의 과자이야기 1, 2》를 지나 《조선 셰프 서유구의 과자이야기 3》에서 의문이 풀리길 바란다. 과자는 사람의 통과의례를 함께 하며 즐거워하고 슬퍼하는 자리에 술이나 차와 함께 곁들여져 우리 곁에서 정서를 나눈 오랜 벗이다. 쌀을 삭혀서 찌고 치고 빚고 말려서 튀겨 고은 조청을 바르고 나화와 강반을 입혀 색색이 치장한 한과는 가장 한국적인 과자다. 한국 문화의 역사성과 독창성, 뛰어나 미의식을 보여주는 한과와 과정류 전체를 볼 수 있는 과자이야기는 과자의 연대기로서의 의미도 갖는다.

한 나라의 문화 수준을 볼 때 디저트를 빼고 이야기할 수 없다. 매일 먹는 일상식은 아니지만 과자는 타인을 향한 마음을 보여주는 교류와 남을 향한 존중의 수준을 보여주는 기준이 되기 때문이다. 열린 집인 한옥 공간에 살며 사철 찾아오는 사람들이 드나들고 시간적으로는 조상과 나와 후손이 공존하는 곳인 집에 과자는 더욱 중요한 마음이 담긴 음식이었을 것이다. 한국 문화의 역사성과 독창성, 뛰어난 미의식이 주목받고 있는 요즘 사람을 대접하던 과자와 음식들을 제대로 알고 생각해 볼 시간이 필요하다. 농경을 중시하며 제천 의식을 통해 결속을 다지던 삼한 시대, 살생을 금하는 불교 중심의 고려, 예를 중시하던 유교의 조선의 역사가 담긴 과정지류 자체가 우리 고유의 문화를 잘 보여준다. 이제는 문화 자체가 상품이 되는 시대를 살고 있다. 세계인에게 우리의 한과와 한과가 가지고 있는 농업 문화와 함께 수준 높은 음식 문화를 함께 알리는 노력을 해야 한다.

지금은 바야흐로 각 나라의 고유한 문화인 전통 문화가 주목을 받는 시대다. 전통 속에 들어 있는 각 나라의 독창적인 문화를 존중하고 있는 그대로 향유하며 인류 공영에 이바지하는 시대가 왔다. 우리 문화의 깊이와 지혜, 음식 문화 속에 담긴 정신적 가치도 함께 전달돼야 한다. 한과 속에 담긴 우리의 얼을 알리고 나누며 다양함을 인정하고 기꺼이 받아들이는 자세도 함께 전해져야 한다. 일방적인 세계화가 아니라 교류와 소통, 상호 존중을 바탕으로 한 경험의 장이 되게 다각도로 노력해야 한다.

정해진 것은 없으며 생각은 흐를 뿐이다. 과정지류 속에 담긴 우리 문화의 지혜와 깊이, 정신적인 가치도 함께 전달되었으면 한다. 한과, 과거의 영광과 현재의 정체기를 지나 미래의 발전을 소망한다. 건강한 상태로 장수를 바라는 모든 이의 마음을 담아 표현했던 한과를 이제 만나 볼 수 있다.

목
차

법제과

② 점과

③ 고조리서 속 전통 과자

현대편

프롤로그

한과의 역사

한과의 발달은 불교의 윤리실천과 관계가 깊다. 불살생계(不殺生戒)를 오계(五戒) 중 가장 중시해 채식을 하며 육식을 금하던 중국 불교의 영향으로 백제 성왕(聖王) 19년인 541년 살생금지령을 공표한다. 각자 개인의 마음속에 있는 불성(佛性)을 찾아 정진 수행하면 누구나 부처가 될 수 있다는 선종(禪宗)의 교리는 몸을 청정하게 하기 위해 채소류 곡류 위주의 소선(素膳) 음식을 먹었다. 부족한 단백질과 지방은 식물성유지나 두류 등을 활용해서 보충하도록 했다. 노골적이지 않게 그러나 아름답고 맛있게 보기 좋은 음식을 만들었다.

고려시대에는 불교문화가 더욱 융성해 수행의 일환으로 차와 다식을 함께 먹는 다과를 즐겼다. 팔관회나 연등회 등 불교행사에도 유밀과가 올랐지만 여기서 더 나아가 유밀과는 많은 사람들의 사랑을 받았다. 고려시대의 소선음식은 자연스럽게 농사의 장려로 이어졌고 불교를 중심으로 여러 가지 소선음식이 개발됐다. 《고려사절요(高麗史節要)》에 정진음식은 떡, 죽, 국수, 두붓국, 나물류, 차, 유밀과, 귤, 감자, 장류였다.

고려 말에는 원나라의 지배와 간섭을 받아 고려왕들은 원나라에 가서 머물며 원나라 공주를 왕비로 맞이하게 됐다. 고려 충렬왕은 원나라로 갈 때 음식을 할 수 있는 상궁들을 데려갔다. 이들이 만든 고려떡과 만두, 유밀과의 빼어난 맛에 원나라 사람들은 감탄을 금치 못했고 고려병이라는 말이 생길 정도였다. 고려양(高麗樣)이라고 해서 고려풍속이 유행했다. 우리 역사에서 가장 수준 높은 귀족문화가 발달했던 고려의 의복과 음식, 도자기류는 원나라에 많은 영향을 미쳤다. 정치, 외교적으로는 원의 지배를 받았지만 문화적으로는 가장 앞서는 선진국이었다. 왕의 국제결혼으로 인해 원나라와 문화교류가 이루어졌다.

다식과 유밀과의 전성시대인 고려시대를 지나면서 유교를 근간으로 하는 조선에서는 의례를 통한 예를 중시하게 된다. 이에 따라 제향음식과 의례음식이 발달하게 되는데 한과도 체계가 잡히면서 세분화되고 가짓수도 250여종에 이를 정도로 수적으로도 다양하게 분화된다. 그러나 한편으로는 여전히 고려의 전통인 소선음식은 이어져 1634년에 조선이 중국의 사신접대에 소선음식을 보면 떡류, 복음류, 튀김류, 나물류, 찜류, 유과류, 과일류로 구성되어 있다. 이 중 유과류는 중박계, 약과, 다식이 올랐고 과일로는 대추, 황률, 개암, 비자, 잣, 건시를 올렸다. 재미있는 것은 밀가루와 술밑을 써서 발효를 시키거나 찹쌀을 15일정도 가루가 될 정도로 발효시키고 여기에 콩물, 소주 등을 넣어 달고 연한 조직을 만드는 발효법이 쓰였다는 점이다. 《조선무쌍신식요리제법(朝鮮無雙新式料理製法)》에 과자류에 '면보'라고 해서 빵을 만들 때 발효종을 만들어 보릿가루와 반죽해 빵을 만드는 법이 소개되어 있다. 강정이나 산자도 찹쌀이 시어질 때까지 발효종을 만들어 부드럽고 바삭하며 부푼 식감을 만드는 과정이다.

조선시대에 각종 의례와 연회 등에 쓰이며 한과는 일상에서 먹고 올리는 의례식으로 자리잡았다. 그러나 조선말 서양에서 들어온 서양식 양과자와 케이크, 커피는 사람들의 입맛을 빠르게 사로잡았다. 양과가 제과점, 다방을 통해 개화된 이미지와 새로운 것에 대한 시대적 호기심을 만족시켜주는 상징으로 자리잡았다. 양주, 양담배, 양식, 양옥, 양춤, 양복 등 융화되기 보다는 신구의 대립, 모던과 구악의 어느 선쯤으로 인식돼 한(恨)의 가치는 우리 스스로에 의해 한없이 평가절하되었다. 의례대신 허례허식을 줄이고 간소화라는 슬로건이 지배하면서 전통문화의 많은 부분이 잊혀져 갔다. 사람이 나서 죽을 때까지 삶의 여정을 축하하고 때로는 기뻐하며 슬퍼하는 이들을 위로하던 한과도 함께 박제가 되고 말았다.

수단(水團)과 한구(寒具)의 의미

'과'는 원래 생실과(生實果)를 의미해 나무 열매인 과(菓)와 풀열매인 라(蓏)를 구분해서 쓰다가 과(菓)로 통칭하게 됐다. 생실과가 없는 계절에는 곡분으로 과실의 형태를 빚고 과수의 가지를 꽂아 제수로 삼았다. 《삼국유사(三國遺事)》 가락국기 수로왕조에 과가 제수로 나와 있다. 조선 중기의 여러 가지 민간 풍속이나 문물제도 등 문화 전반을 다루고 있는 《용재총화(慵齋叢話)》에 고려의 유밀과는 새나 짐승의 형상을 본떠 만든다고 했다. 참고로 과(菓)의 의미를 살펴볼 수 있는 〈정조지〉의 대목이 음력 6월 15일 유두(流頭)의 절식 편 수단(水團)에 언급되어 있다. 중국 북송의 《세시잡기(歲時雜記)》를 살펴보면 "단오에 수단을 만든다. '백단'이라고도 부른다. 혹 5가지 색의 사람과 짐승, 꽃과 과일의 모양을 섞는다. 그중 가장 잘된 것을 '적분단'이라 한다."라고 했다. 우리나라에서는 날짜를 옮겨서 6월 보름의 절식으로 만들었고 만드는 방법 또한 같지 않다고 했다.

수단을 만드는 방법이나 날짜도 모두 우리나라 사람들이 우리 형편에 맞게 변형시켰지만, 중국에서는 경단 모양의 떡도 사람과 짐승, 꽃과 과일을 본떠 만들었음을 알 수 있다. 적분단은 물에 넣지 않으면 건단(乾團)이라고 한다.

한구(寒具)는 지금의 유과이다. 연기를 금할 때 쓰기 때문에 '한구'라고 부른다. 지금 사람들은 비록 겨울과 봄에 만들어서 항상 쓰는 과정이 되었지만, 금연절(禁煙節, 한식)에는 더욱 이것을 빠뜨릴 수 없다. 이는 옛 뜻을 간직하는 일이기 때문이다. 한구의 본래 의미를 알 수 있는 구절이다. 이밖에 옛 종류를 살펴볼 수 있다. 설날에 먹는 교아당(膠牙餳)은 끈끈하고 단단하게 결합하는 뜻을 취한 것이다 라고 했고 보당퇴(寶糖餦)는 연하고 맛이 좋은데 퇴박은 지금의 유과 종류이고 오니당(烏膩糖)은 바로 백당으로 개성에서 나는 밤엿 종류라고 했다.

설날의 절식으로 강정은 세배하러 오는 손님에게 술상을 대접하는데 이를 '세찬'이라고 하고 떡국이 주가 되지만 강정과 밀양시병(蜜釀柿餅)도 과줄 중에 빠뜨릴 수 없는 음식이라고 했다. 매번 연말이면 도읍의 저잣거리에서는 붉은색, 누런색, 흰색의 여러 가지 강정을 판다고 해 당시 강정이 연말연시 과줄로 즐겨 먹었음을 알 수 있다.

중구(重九, 음력 9월 9일)의 절식으로 먹는 밀오율니(蜜熬栗泥)는 우리나라의 밤조림 종류로 밤을 삶아 껍질을 벗기고 대략 주물러 꿀물에 담갔다가 냄비에 넣고 달여 물을 말리고 계핏가루와 후춧가루를 넣고 상에 올린다고 했다. 《건순세시기(乾淳歲時記)》에는 꽃무늬 떡틀에 찍었는데 우리나라의 다식 제도와 비슷하다고 평하고 있다. 《동국세시기》에 보면 매화강정은 설날과 봄철에 인가(人家)의 제물로 실과(實菓) 행렬(行列)에 들며 세찬으로 손님을 대접할 때도 없어서는 안 될 음식이라고 규정

짓고 있다. 〈정조지〉 권7 절식보유(節食補遺)에 7월 보름 불교의 우란분절(盂蘭盆節)에 중과 비구니, 도인과 속인이 모두 분(盆)에 온갖 음식을 담아 여러 절에서 공양한다. 목련비구(目連比邱)가 온갖 음식과 5가지 과일[百味五果]을 갖추고 분에 담아 시방대덕(十方大德)을 공양했다. 그러므로 뒷사람들이 이에 따라 널리 화려하게 장식했다. 심지어는 나무를 깎고 대나무를 쪼개고 밀랍을 먹이고 비단을 잘라 꽃잎의 모양을 본뜨고 정교한 솜씨를 다했다. 이에 의하면 우리나라에서는 백중절은 백미의 와전이며 이날의 절식으로는 마땅히 병이(餠餌), 자고(餈糕), 포석(脯腊) 등의 온갖 음식을 그릇에 수북이 둘러 담아 바친다.
과자나 떡은 불교의 의식을 치르는 상에도 올랐고 유교의 상차림과도 서로 영향을 주고받았다.

파고다형과 원통형의 탑신

과거의 혼례 사진이나 회갑연 사진들을 보면 마치 영화의 한 장면을 보듯 의도적인 구성이 돋보인다. 음식들이 줄을 맞춰 서 있고 관객을 향해 열려 있는 맨 앞줄은 잔치의 흥잡이 과자와 과일이 주인공으로 늘어서 있다. 먹고사는 것들은 뒷줄에 배치되어 있다. 지휘자를 중심으로 바이올린, 비올라, 첼로 같은 현악기들이 선율을 리드하듯 잔치의 분위기를 과자고임이 만든다.

장식은 기능을 넘어서 심미적이고 구조적인 외형을 통해 원하는 목적을 달성하려는 내면의 의도가 반영된 조형물이다. 고임은 두 가지 목적을 가지고 있다. 이런 값비싼 과자를 탑처럼 쌓을 만큼의 효심과 경제력을 보여준다. 초대된 만좌중과 함께 축하하고 싶은 마음, 굽과 고임을 통해 예와 격을 단번에 압도적으로 보여주는 장치다. 우러름과 존경을 받으며 수를 누리시기를 축원하는 후손들의 마음까지 담겨 있다.

바라보는 상 밑으로는 즐거운 연회의 분위기를 한껏 고조시키기 위해 춤과 노래, 악기 연주, 만담 등 여러 가지 공연이 펼쳐진다.

알록달록 각색당과 유밀과, 유과, 조란, 율란, 다식 등을 높이 쌓아 올린 모습은 훌륭한 무대장치가 된다. 상기된 표정의 신랑신부나 연로하신 부모님이 고운 한복차림으로 앉아 있다. 위로 층층이 공들여 쌓은 탑이 살아갈 세월 혹은 살아온 세월만큼의 격려와 위로를 시각적으로 보여준다.

높이는 맞추되 문양과 쌓는 방식을 다양하게 선택해 앞에서 보는 사람이 지루하지 않도록 율동감을 주어 잔치 분위기를 한껏 살리는 배려도 잊지 않는다. 고임 장인의 미의식을 엿볼 수 있다. 잔치가 있는 집에 불려 다니는 고임 장인은 전문 가로 대접받아 초빙을 해왔다고 한다.

연회의 공간은 일상과는 분리된 공간이며 음식은 일상식과 달리 높은 굽다리 위에 다시 고임을 한다. 장대하고 엄숙한 면을 강조하기 위해 이런 격과 식을 지켰다. 피에스 몽테가 연회의 흥겨움과 구경거리 역할을 했다면 우리의 고임 문화는 보다 형이상학적인 주체와의 연결성을 강조했다. 절제와 규율속에서 어느 정도의 융통성은 허용되어 형편에 맞게 준비하도록 했다.

음식을 고이는 것은 일상적이지 않은 행위다. 혼례나 회갑연, 또는 제례상을 차릴 때 고배상에 원통형으로 음식을 높이 쌓는 담음새를 말한다. 음식을 높이 쌓을수록 효심이나 공경하는 마음이 크다고 해 자신의 경제력이나 권세를 보여주는 수단이 되기도 했다. 반대로 겉치레로 흐를 수 있는 음식의 가짓수를 제한해 간소하게 차리기도 했다. 일상식은 식재를 조리해 음식을 만들어 담아서 먹지만 제수나 연회용 음식은 크고 반듯한 식재를 손수 골라 정성껏 요리하고 그릇이나 접시에 담아 일일이 격식에 맞춰 담아 올렸다. 이런 일을 '괸다'라고 표현한다. 제수(祭羞)는 맛있는 음식을 바친다는 의미로 일상의 음식과 구분해서 썼다.

제수를 괼때는 일정한 규칙을 따라야하는데 주자학을 숭상한 조선에서는 주자가례 등의 예법을 따라 형편에 맞추어 진설했다.

과실은 나무에 달린 생과와 곡식으로 만든 과자(菓子)를 함께 올렸는데 사계 선생의 〈가례즙람〉(家禮輯覽)에는 과실은 생과이든 과자이든 지산음수(地産陰數)땅에 뿌리를 박았고 같은 줄에 놓기 때문에 짝수의 접시 수 여야 한다는 내용이 나와 있다. 밤이나 배는 껍질을 벗기고 나머지 과실들은 괴기 편하게 아래와 위를 도려낸다. 배, 사과와 같은 과실은 꼭지 부위가 위로 가도록 담는다. 밤은 '친다'라고 해서 위아래를 3등분해 윗부분은 각을 살리고 아래는 오목해지도록 좁힌 뒤 위아래를 편편하게 만들어 고이기 좋게 모양을 잡는다.

과실의 위치는 대체로 홍동백서(紅東白西), 동조서율(東棗西栗)의 규칙을 예서에 의거해 진설한다. 폐백에 쓰이는 대추와 밤이 기준이 되는 셈이다. 붉은 대추는 동쪽을 의미하고 흰 밤은 서쪽의 나무라는 의미로 서쪽에 둔다.

혼례나 수연례 같은 연회상에 음식을 괼 때는 수(壽), 복(福), 부(富), 귀(貴), 강녕

(康寧), 희(囍), 만(萬) 같은 문자문을 새겨 무병장수와 다복하기를 염원했다. 그밖에 상례, 차례, 추석 등 여러가지 상차림을 할 때도 약소하지만 음식을 고여 공경과 바램을 담아 정성껏 올렸다. 〈정조지〉 점과 편의 총론을 보면 서유구 선생도 유과에 대해 다각도로 살피면서 새롭게 알게 된 점과 중국과 우리나라 사람들이 다르게 보는 시각을 기술하고 있다. 점과의 점은 결국 차진 곡물로 만든 과자를 말하는데 만든 과자로 보지 않고 밀가루, 꿀, 기름을 사용한 과(菓)가 아니라 병(餠)의 일종으로 봤다.

그런데 우리나라 사람들만은 이를 과(菓)로 보고 제사를 모시고 손님을 접대하는데 유밀과를 과품(여러가지 과자) 가운데 상석에 놓는다고 했다. 우리나라 사람들은 점과조차도 과의 본성을 과일이 나지 않는 계절에 좋은 열매를 따서 꿀이나 설탕에 절여 오래 신맛이나 목기를 제어하고 오래 보관하는데 초점을 맞춘 조과의 확대 개념으로 파악했다.

"정(飣)은 저장음식이다."라고 해서 음식괼정 자를 써서 건정(乾飣)이 가지고 있는 보관성과 함께 '간석정좌(看席飣坐)'라고 해서 쌓아 두고 먹지 않는 장식성의 의미도 함께 상정했다. 유과나 유밀과 같은 점과류는 결국 우리나라에서는 과(菓)로 불리면서 연회에서 장식을 위해 높이 쌓아 올려 굄새를 보여주는 풍속을 보여준다. 장식성이란 음식에 일정한 격식을 갖춰 예를 보여주는 방식이다. 고임의 문화는 음식을 통해 장식미는 물론 상호예절의 정신적 가치와 규범을 보여주는 아름다운 우리의 전통이다.

산자우리

한국인의 한과

누군가에게 위로를 받고 싶었던 기대는 이내 실망으로 바뀐다. 각자 바쁜 삶에 짓눌린 현대인에게 디저트는 완벽하게 '나를 위로하는 가장 큰 선물'이다. 특히 여성들은 앙증맞은 디저트를 선호하고 이 작고 매혹적인 선물의 포로가 된다. 수공예적인 요소가 가미된 정교한 장식은 잔혹한 현실에서 단숨에 달고 쌉싸름한 미지의 세계로 안내한다. 〈정조지〉권7 절식지류(節食之類)에 보면 "설날에 교아당을 먹는다(元日食膠牙)."라고 하며, 그 주(注)에 "끈끈하고 단단하게 결합하는 뜻을 취한 것이다(取膠固之義)."라고 해서 우리는 관계 중심의 집단 문화를 중시한다는 사실을 알 수 있다. 서로 가족처럼 지내며 어려운 일이 있으면 함께 하는 계, 향약 같은 여러 가지 자율적인 자치규약이 있었다. 좋은 학교에 붙으라고 학교 교문에 엿을 붙이거나 찹쌀떡을 선물하는 습속은 쌀을 먹는 농경 민족에게 내재한 욕망의 표현이다. 엿을 나눠 먹으며 끈끈한 관계가 주는 안정감과 가족이나 마을 공동체의 결속을 다졌다.

초콜릿과 버터는 녹을 때 풍미가 체온에 의해 해체되어 혀 위에서 하나로 완성된다. 이에 들러붙지 않는 것이 개별적이고 독립적이다. 엿은 쌀의 정수를 달이고 고아서 만든 도작 문화의 결정이다. 현란하거나 섬세하지는 않지만 검박한 단맛이 감미료로 또는 약재와 함께 치료제로도 쓰이게 했다.

아플 때면 갱엿 넣고 달인 감기약, 보약이 사발에 담겨 깔깔한 입맛을 잡아주는 역할을 했다. 쌀알이 밥이 되고 삭아서 식혜, 엿물이 되고 고아서 엿이 되는 과정 자체, 무언가를 오랫동안 고는 조리행위 자체가 간절한 마음을 대변한다. 익히거나 찌는 음식인 취류지류(炊餾之類)의 밥이나 떡이 달이거나 고는 음식인 전오지류(煎熬之類) 속 죽이나 조청과 엿이 되며 볶거나 가루 내어 만드는 음식인 미숫가루 형태로 가공해 다식을 만들고 면이나 만두의 형태를 흉내 내 멋을 부려 마침내 과정지류(菓飣之類)를 완성한다. 이렇듯 한과는 우리가 먹는 쌀에 담긴 모든 것을 함축해 풀어 놓은 우리 민족의 지혜와 삶의 본보기다. 새로운 것이 아니라 우리 문화는 쌀에서 출발해 쌀로 밥하고 죽을 끓이고 쌀을 삭혀서 장이나 한과를 만들고 쌀을 말려서 튀밥을 튀기고 누룽지까지 만들어 두었다가 끓여 먹고 튀겨 먹는 그야말로 쌀이 가진 모든 가능성을 끌어내 음식으로 만들고 그 속에 타인을 배려하는 정신을 담아 한과의 문화로 만들어냈다.

전통 과자가 가지는 의미와 활용

전통 과자는 조선 시대에도 왕실의 대소 연회와 사대부와 민간의 통과 의례에 빠짐없이 쓰였다. 쓰인 재료들도 지나치게 가공을 하지 않고 재료의 특성을 살려 만든 경우가 많다. 그만큼 한과가 가지는 조형적, 상징적, 영양학적 의미가 크다. 한과가 가진 많은 장점에도 불구하고 크기나 패키지, 한 번에 담는 양 등을 개선해서 현대인들이 선택할 수 있게 개선할 필요가 있다.

1. 전통 한과의 약식동원의 성격을 살리기 위해 재료에 기능성을 더한다. 헛개, 칡, 꾸지뽕, 인삼 등 식재면에서 약성이 있는 재료들을 활용한다.
2. 조형적인 요소와 고유의 미를 강조한다. 이 속에 오방색, 음양의 원리 등을 담은 고유의 음식 철학과 건축적인 요소를 과자에 적용한 담음새를 살린다.
3. 현대인들이 중시하는 전통에 바탕을 둔 기능적이면서 실용적이고 단순하지만 심미적인 요소를 갖춘 한과에 한과 패키지 디자인을 접목해 소비자들의 선택을 유도한다. 특히 한과의 패키지 디자인은 단순 전개형의 평면적인 상자가 대부분을 차지하고 있다. 원통형의 접이식 패키지 디자인을 써서 쌓는 형태의 다식이나 강정의 세로 형태 모습을 보여주고 제품의 크기를 줄여 차와 함께 가볍게 먹는 스낵 개념으로 접근한다. 한과를 많이 담으려 하지 말고 원통형 패키지에 작은 크기로 만들어 한쪽을 투명창으로 만들어 속을 보이게 패키지를 만든다. 유과, 유밀과, 다식 등 3개들이, 엿과 강정 등 5개들이 세트로 구성한다.
4. 둥구미나 석작 같은 전통 용기와 색동 한지 등 다양한 패키지를 활용한다. 소선 문화의 꽃인 과자를 식물성 재료인 둥구미나 석작에 넣으면 자연스런 아름다움이 살아난다.
5. 〈정조지〉에는 중국이나 일본 등 외국의 과자를 첨식으로 소개해 과자가 가지고 있는 이국적인 요소와 문화교류, 재료의 다른 해석을 보여준다. 한과에도 전통적인 요소와 새로운 소재를 접목해 현대인의 기호에 맞추는 노력도 필요하다. 향신료나 고물을 다양하게 접목시켜 본다.

한과의 칼로리가 걱정된다면 대체 당을 사용해보거나 자갈이나 모래, 소금에 굽는 방식을 쓴다. 구황식재로 쓰였고 해독 작용이 뛰어난 율무, 녹두, 연자 등을 가루로 만들어 활용한다. 면역력을 올려주는 생강, 계피, 후추 등의 향신료로 단맛과 조화를 이루고 개성있는 맛을 낸다. 맨드라미, 해당화, 원추리, 잇꽃, 진달래, 국화 등 전통적인 제철 꽃을 한과에도 활용해 고유의 색감을 살린다.
유통 기한을 정확하게 지키고 산폐되지 않도록 개별 진공포장을 한다. 한과의 크기를 다양화해서 변화 있게 일상간식으로 먹을 수 있게 당도를 조절하고 영양가 있는 천연 가루를 사용한다.

제 1 장

법제과(법제과일)
法製菓

자연에서 얻은 과일과 채소는 자신을 보호하기 위한 독을 가지고 있다. 사람에게 해롭지 않게
약이 되도록 각자가 가진 성질을 다스려야한다. 굽고 찌어 말리거나 섞기, 물에 담가 우리기
같은 방법을 쓴다. 향약(香藥)을 활용해 법제하기도 한다. 이 장에 나오는 법제과(法製菓)는
음식을 하는데도 참고 할 점이 많다. 식재를 다루는데 전 처리 과정에 해당되기 때문이다. 법
제과는 식치(食治), 약식동원(藥食同源) 의 음식관을 잘 보여준다. 법제과 자체가 과자이면
서 동시에 소화와 해독을 돕는 약재의 성격을 띠고 있다. 오미강(五味薑), 죽력강(竹瀝薑), 법
제귤피(法製橘皮) 등이 모두 해당된다. 용현향(龍涎香)과 사향(麝香)이 들어간 상단(爽團)
을 제외한 12종의 법제과를 복원했다.

장류수, 첨수같은 좋은 물은 법제의 시작이다.

총론

의사들이 약을 쓸 때는 굽기·쬐어 말리기·섞기·물에 담그기 등의
방법이 있다. 재료(약재)의 치우친 성질을 바로잡고 독을 제거하기
위함이다. 과일이나 채소의 생것에도 차가움과 따뜻함, 순함과 독
함의 차이가 있다. 복약가[服餌家]들이 반드시 향약(香藥)으로 법제
하여[製] 그 치우친 성질을 제어한 후에 먹는 까닭은 그렇게 하는 것
이 보탬이 있을지언정 손해는 없기 때문이다. 이것이 '법제(法製)'라
는 이름이 붙은 까닭이다. 《옹치잡지》

總論

醫家之用藥也, 有炮焙、拌浸之法, 所以矯其偏而去其毒也. 菓菜之
生亦有寒溫良毒之異焉. 服餌家必用香藥製之, 以制其偏性然後食之
者, 有益而無損. 此"法製"之所由名也. 《饔饌雜志》

야생(sauvage)

야생이라는 말은 "(동식물이) 길들여지거나 재배되지 않은"이라는 의미가 있다. 장소에 관해서는 "황량한 사람의 발길이 닿지 않은"이라는 뜻도 있다. 즉 야생이란 자유로운 채 다양성이 존재하며 사람의 손길이 미치지 않은 공간에서 자신을 스스로 보호하며 자란 상태의 동식물을 일컫는다.

과거에는 산이나 들에서 자연 상태의 식물을 채취하거나 동물을 수렵하는 경우가 많았다. 식재를 얻는 방법은 야생의 경작을 통해 재배한 것을 얻느냐로 크게 구분할 수 있었다. 수렵육이 근육이 발달하고 담백하면서 고유의 냄새가 강한 대신 이런 풍미를 즐기는 사람들은 향신료를 쓰는 등 조리법을 통해 야생육의 매력을 한껏 끌어냈다. 숲이나 들에서 따는 야생 상태의 식물은 자신을 보호하면서 생존하기 위해 여러 가지 강력한 방어 물질이나 항산화 물질을 만들어낸다. 생존을 위해 재배종에 비해 크기는 작지만, 우리에게 도움이 되는 약성은 훨씬 많이 가지고 있다. 그런데 단맛은 사람뿐만 아니라 다른 초식동물이나 곤충들 육식동물들까지 모두 좋아해 눈에 띄는 대로 먹어 치운다. 차나무는 이런 공격을 막기 위해 카페인을 만들어 자신을 보호한다.

법제는 야생 식물이 가진 보호 물질의 쓰고 떫고 신맛은 완화하고 약성은 취하려는 여러 가지 방법이다. 법제과는 야생을 먹기 좋도록 길들이고 순화시키는 흥미로운 방법을 통해 본래 약재로서의 과자를 살펴볼 수 있다.

다른 어떤 책에도 법제과를 조리의 영역에서 다룬 조리서는 없다. 법제과는 〈보양지(葆養志)〉와 〈인제지(仁濟志)〉를 염두에 두고 보면 모든 식재는 약재로서의 유효 성분을 가지고 있다고 볼 수 있다.

향약을 활용해 법제하기

향기 약내음 입히기 위해 단일다

은근한 겉불에서 천천히 졸여 향을 입힌다

완성된 귤피는 기침이나 소화불량·담을 삭이는 약재의 역할을 했다

냉금단방

능금 향이 담긴 소화제

냉금단(冷金丹, 능금단) 만들기(냉금단방)
내금(來禽, 능금) 100개를 벌꿀에 10일간 담가두었다가 꺼낸다. 여기에 따로 벌꿀 5근, 단사가루 2냥을 넣고 고루 섞은 다음 진흙으로 봉했다가 1개월이 지난 뒤에 꺼내어 음지에서 말린다. 식사 후나 술 마실 때 1~2개를 먹으면 그 효능이 구전단(九轉丹)보다 낫다. 《청이록》

冷金丹方
來禽百枚, 用鑫蜜浸十日, 取出. 別入鑫蜜五斤、丹砂末二兩, 攪拌封泥, 一月出之, 陰乾. 飯後酒時, 食一兩枚, 其功勝九轉丹, 《清異錄》

재료: 내금(능금) 45개(1kg), 벌꿀 1kg
진흙

만드는 법

1 내금을 벌꿀에 10일간 담가 두었다가 꺼낸다.

2 여기에 따로 벌꿀을 넣고 고루 섞은 다음 진흙으로 봉했다가
   1개월이 지난 뒤에 꺼내어 음지에서 말린다.
   식후나 술 마실 때 1~2개를 먹으면 그 효능이 구전단(도가의
   선약)보다 낫다.

자하문 능금꽃

능금을 실제로 꼭 구해서 보고 싶은 마음에 부암동 백사실계곡을 무작정 찾아 나섰다. 물어물어 군부대 옆 가파른 길을 내려가 만난 백사실계곡은 별천지 같다. 삼삼오오 나지막한 집들 앞으로 꽃 무더기들이 당당하게 모여 있다. 개발이 되지 않아 시간을 거스른 듯 아련한 풍경이 펼쳐진다. 길손도 앉아갈 평상, 길가의 연탄재, 꽃 더미, 그 위로 오이 넝쿨이 한창이다. 적막한 마을 한가운데로 맑은 물줄기가 내려온다. 물이 어찌나 맑은지 도롱뇽이 살고 있다고 한다.

해걸이를 하는 데다 주인도 알 수 없고 접근도 어려운 두 어 그루의 능금나무 빼고는 능금 보기가 쉽지 않다. 조선 시대에는 산에 능금나무가 골짜기를 가득 채웠다는 이야기가 꿈결같이 들린다. 작고 소중한 능금을 얻기 위해 마음을 졸였다. 어렵게 손에 얻은 능금은 자두나 호두알만 하다. 가지에 달린 능금을 까치가 열심히 파먹고 있다. 상처 나고 멍든 능금이 안타까워 주워보니 능금 향이 스친다. 예전에는 맑고 청신한 능금 향이 백사실계곡에 가득했을 것이다.

능금을 가만 살펴보니 오래된 돌에 이끼가 끼듯 거뭇거뭇하다. 처음에는 그저 씻었는데 알알이 닦아주어야 까만 때가 벗겨진다. 바닷물 속에서 딴 전복의 까만 이끼 때처럼 느껴진다. 생산성이 떨어지니 하얀 봉투도 쓰지 않았고 비바람을 맞으며 자연스레 생긴 모습 그대로다. 작지만 사과 맛이 나고 과육은 살이 많지는 않다. 꿀에 절여두었다가 꺼내서 말린 능금은 색이 붉게 변해 꿀 속에서 발효된 사과 향과 맛이 느껴진다.

단사를 넣으라고 되어 있지만, 요즈음은 수은 성분 때문에 잘 쓰지 않기 때문에 제외했다. 단사는 천연 광물로 정신을 안정시키고 열을 내리고 해독 작용을 한다. 정신병증이나 헛소리를 하거나 경풍 치료에 쓰였다. 수비를 해서 소량을 섭취했지만, 지금은 모두 기피한다.

자하문 능금마을 이야기

　　하루가 다르게 높아만 가는 망루에 가린 서울, 파편처럼 남아있던
근대의 자취는 아쉬움을 뒤로하고 짙은 정취를 남긴채 사라지고 있다.
상명대학교를 지나자마자 북한산으로 넘어가는 길목에 세검정 정자는
차들의 질주를 피해 바위위에 걸터앉아 있다. 지금은 차들의 왕래만 빈
번하지만 불과 50여년전만 해도 자하문 근처 부암동인근은 능금, 자두,
앵두나무가 골짜기마다 가득 심어져 있었다고 한다. 이곳 백사실계곡안
쪽에 능금마을이 있고 그곳에 몇 그루 남지 않은 자하문 능금나무가 있
다고 해 보러가기로 마음먹었다.
세검정 안쪽 요새처럼 짙푸른 초목너머 그 어디쯤이 능금마을인지 물어봐
도 가는길이 복잡하다는 주민의 대답이 돌아온다. 신록의 향연을 지켜보
며 오르니 무릎아래 사람 사는 마을의 훈훈함이 아지랑이처럼 올라온다.
보고 감탄하며 발걸음을 재촉하는데 꼭대기에 두어명의 사람들이 모여
있다. 근처에 능금마을이 있을 법한데 정확히 아는 사람은 없다. 군부대
를 끼고 곤두박질치듯 가파른길을 내려가자 작은 다리 위에 몇 대의 차가
세워져 있다. 오목하게 들어앉은 계곡안에 드문드문 오래된 집들이 나즈막
하게 깔려 있다. 신록의 바다에 사람이 깃들어 사는 모습이 서울에서는 무척
이색적으로 보인다. 개발의 손길이 미치지 않은 탓인지 타임머신을 타고 60
년대로 간 것 같다. 겨우 찾아낸 능금나무는 그렇게 수십년의 세월을 건너
20만그루의 세력을 잃고 단지 몇 그루만이 옛모습을 증언하듯 서있다.
꽃이 소담스럽게 핀 집 아주머니가 알려주신 도롱뇽이 사는 계곡가에 사는
사이좋은 노부부집에는 40살이 되어 보이는 능금나무가 있었다. 윗길가 산
비탈에 핀 능금꽃과 물가에 서있는 고목은 하얀 능금꽃을 가득 달고 있다.
세검정에서 나고 자란 토박이 아저씨의 탐스런 능금이 별처럼 달린다는
말씀이 더 아쉬움을 준다. 올해는 해갈이를 해 꽃이 피지않았단다. 발

길을 쉬이 돌리지 못하자 아저씨가 작년에 담근 능금주를 기꺼이 내주신다. 부부의 미소는 낯선 사람을 향한 경계가 전혀 느껴지지 않는다. 사람의 욕심은 능금보다 더 크고 더 단 이익을 쫓아 능금나무를 모조리 일시에 내몰았지만 내 집을 찾아온 낯선이에게 대접하듯 이야기를 이끌어가는 아저씨의 미소에서 순박함이 느껴진다.

> "능금나무는 기르기가 까다롭답니다. 벌레가 잘 생기고 잘 방제하지 않으면 썩거나 과실이 잘 안열리기도 하지요. 우리 능금나무는 작년에 다닥다닥 빨갛게 달렸어요. 내년에 와요. 이제는 더 맛있는 과일을 찾지 능금을 안먹어요. 능금주를 먹으면 체한 데 좋대요." 방금 푸성귀를 내다팔고 오신 아주머니가 거드신다.

능금은 과일이지만 약의 역할도 했던 모양이다. 종로구에서 능금나무를 가로수로 심으려고 가지를 많이 꺾어갔다고 하신다. 살아남아 자하문 능금나무들을 많이 퍼뜨려 종로에는 사과나무를 심어보자던 노래가사처럼 되었으면 좋겠다. 길을 가다 능금 한 입 베어물 수 있는 낭만과 여유가 필요한 시대다. 우직함, 순박함 토박이 이런 말들이 더욱 의미있고 정답게 다가오는 시간이었다. 능금이 가져다준 행복한 만남과 7~8월의 결실이 기다려진다. 임금님께 귀하게 바치던 경임금을 만난 행복한 오후다.

법제모과방

오래도록 곁에 머물 모과 향이길

법제모과(法製木瓜) 만들기(법제모과방)

처음 수확한 모과를 취하여 끓는 물에 데치다가 하얀색이 되면 꺼내서 식도록 둔다. 모과의 대가리를 따서 뚜껑을 만들고 날카로운 칼로 속을 제거한다. 여기에 바로 소금 1작은술갈을 넣었다가 모과의 속에서 물이 나오면 바로 향약·관계·백지·고본(藁本)·세신(細辛)·곽향(藿香)·천궁(川芎)·후추·익지자(益智子)·축사인[砂仁]을 넣는다. 위의 약들은 빻아서 곱게 가루 낸다. 1개의 모과에 이 약을 1작은술갈을 넣어 모과 안의 소금물과 고루 섞어준다. 다시 볕을 쬐어 물이 마르면 또 숙밀(熟蜜)을 넣어 가득 채우고 꿀이 마를 때까지 볕에 말린다. 《거가필용》

法製木瓜方

取初收木瓜, 於湯內煤過, 令白色取出放冷. 于頭上開爲蓋子, 以尖刀取去穰了, 便入鹽一小匙, 候水出, 即入香藥、官桂、白芷、藁本、細辛、藿香、川芎、胡椒、益智子、砂仁. 右件藥, 擣爲細末. 一箇木瓜, 入藥一小匙, 以木瓜內鹽水調均. 更曝候水乾, 又入熟蜜令滿, 曝直候蜜乾爲度. 《居家必用》

재료: 처음 수확한 모과 7개, 소금 15g, 향약(자단) 3g, 관계 11g,
백지 12g, 고본 3g, 세신 2g, 곽향 2g, 천궁 10g, 후추 1g, 익지자 4g,
축사인 4g (가루 총 160g 중 모과 크기에 맞춰 사용한다.), 숙밀 80g

만드는 법

1 처음 수확한 모과를 취하여 끓는 물에 데치다가 하얀색이 되면
   꺼내서 식도록 둔다.

2 모과의 대가리를 따서 뚜껑을 만들고 날카로운 칼로 속을 제거한다.

3 여기에 바로 소금 1작은숟가락을 넣었다가 모과의 속에서 물이
   나오면 바로 향약, 관계, 백지, 고본, 세신, 곽향, 천궁, 후추,
   익지자, 축사인을 넣는다. 위의 약은 빻아서 곱게 가루낸다.

4 1개의 모과에 이 약을 1작은숟가락을 넣어 모과 안의 소금물과
   고루 섞어준다.

5 다시 볕을 쬐어 물이 마르면 또 숙밀을 넣어 가득 채우고 꿀이 마를
   때까지 볕에 말린다.

tip. 모과 속을 파낼 때는 손을 다칠 수 있어 조심해야 한다. 칼로 주위를 도려낸 후 머리가 작은
      수저로 파낸다. 가루로 만든 향약들은 고운 체에 내려 사용한다.

오래된 나무는 세월 속에 뿌리를 내리고 그 자리를 지켜왔기에 바라보는 사람을 위로해주는 힘이 있다. 고왔던 꽃향기를 오롯이 담은 풋풋하거나 노랗게 익어가는 모과들이 성긴 가을바람에 여기저기 떨어져 있다.

내버려 두면 서로 어우러지기 마련이라는 생각에 풀도 나무도 원래 모습대로 두는 주인 덕에 떨어진 모과마저 한 폭의 풍경이 된다.

모과도 향기로운데 여기 들어가는 향약과 약재들은 어찌나 향이 좋은지 곁에 두고 향만 맡아도 콧속이 시원해진다. 달고 관능적인 자단향, 달고 맵고 시원한 관계, 향은 없지만 녹용을 닮은 백지, 살짝 매운 향이 나면서 시원하고 오래된 숲속에 있는 듯 발효된 나뭇잎 냄새와 나무 탄내가 매력적인 고본, 가는 나무뿌리에서 올라오는 시원하고 고상한 향이 오래된 책을 펼쳤을 때 공기 중에 퍼지던 향을 닮은 세신, 나뭇잎과 가지가 섞인 곽향의 시원하고 가벼운 풀 향과 단내, 민트 향은 머리를 시원하게 해준다.

천궁은 단 과자 향과 시원한 향이 올라온다. 방바닥이 따끈할 때 머리맡 자개장에서 올라오던 향이 생각난다. 후추의 시원하고 매운 향에 익지자는 오래된 매실 씨앗에서 나는 신 과실 향이 올라온다. 축사인의 달고 시고 상쾌한 향이 한꺼번에 느껴진다. 향약 가루를 넣고 꿀과 함께 볕에 말리면 목질화가 덜된 모과 안에는 맑은 물이 고이면서 향기가 모과에 스며든다. 모과의 표면과 안쪽이 말라가면서 노을빛으로 물들어간다. 마른 뒤 썰어 맛을 보면 떫고 시고 단 맛이 침샘을 자극한다. 차로 끓여 마시거나 곁에 두고 편을 입에 무는 것만으로도 소화를 돕는다.

"손안에 계수나무 향기 벌써 다 사라져가건만 그대와 헤어지면 속마음 나눌 이 하나 없겠지."라며 김준(金峻)과의 이별을 아쉬워하던 최치원(崔致遠)에게 건네고 싶다.

향약(香藥) 이야기

　　한의학에서는 유향, 육계, 자단향, 백단향, 영릉향, 용뇌, 박하, 필발, 대회향, 정향, 사향, 안식향, 침향 같은 향약을 먹고 바르고 피우면서 병을 치료하거나 벌레를 쫓는 등 여러 용도로 활용했다. 법제과는 식향채처럼 과일을 법제하면서 향약의 향기와 약성을 보강하고 서로 다른 향끼리 어우러져 최상의 결과를 얻을 수 있게 했다. 향기는 물론이고 소화를 돕는 작용이 뛰어난 모과를 단지처럼 활용해 그 안에 여러 가지 향약을 넣고 꿀을 넣어 말려 천연 소화제이자 감기 예방에도 좋은 과자가 된다.

모과의 향과 잘 어울리는 향약에 향과 함께 어울리는 약재의 완전한 조합을 만들어냈다.

향은 귀한 만큼 향을 담는 향낭이나 향갑 역시 아름답게 장식해 몸에 지닐 수 있게 했다. 마찬가지로 법제모과는 향기를 즐기는 가장 효과적인 방법이기도 하다.

자단: 장미목 콩과의 상록 활엽교목으로 나무껍질이 자주색이고 목재가
　　　단단해 가구를 만들거나 종교용품을 만드는 데 쓴다. 성질은 따뜻
　　　하고 맛이 맵고 독이 없다. 곽란, 급체 등 소화불량을 치료한다.
관계: 육계나무의 겉껍질을 말하며 따뜻하고 습한 중국 남부, 베트남 등
　　　지에서 잘 자란다. 맛이 달고 맵고 뜨거운 성질을 가져 소화를 돕
　　　고 염증을 억제해준다.
백지: 미나릿과에 속하는 1년 초 또는 3년 초를 구릿대라고 하고 뿌리는
　　　약재로 쓰며 백지라고 부른다. 7~8월경에 우산 모양의 꽃이 피며
　　　꽃이 지고 나면 연한 황록색의 열매가 생기는데 날개가 달려 있다.
　　　두통, 치통, 신경통, 지혈, 정혈 작용이 있고 감기 치료에도 쓰인다.
고본: 미나릿과의 고본의 뿌리로 성질은 따뜻하고 맵다. 두통, 치통, 복

통, 설사나 습진을 치료하는 데 쓴다.

세신(細辛): 민족도리풀의 뿌리를 말린 것으로 가늘고 많은 뿌리로 이루어졌다. 매운맛을 가졌으며 마취 작용, 해열, 항균 작용이 있다.

곽향: 해열, 건위제로 쓰이는 배초향의 지상부로 꿀풀과 식물의 정유 성분을 함유하고 있다.

천궁: 미나릿과 식물로 9~11월경에 채취해 줄기와 잔뿌리는 빼고 뿌리만 말려서 쓴다. 성질은 따뜻하고 매우며 쓸 때는 물에 담가 잘게 썬 다음 말려서 사용하거나 주초(酒炒)하여 쓴다. 두통, 복통, 산후통 등에 쓴다.

후추: 후추나무의 열매로 대표적인 향신료로 쓰이며 특유의 매운맛으로 위액 분비를 촉진해 소화를 돕고 육류나 어류의 나쁜 냄새를 없애준다.

익지자: 다년생초본인 익지의 열매를 말린 것으로 어두운 갈색에 양쪽 끝이 뾰족하고 맛은 조금 쓰다. 방향성 건위제, 정장제나 복통 치료제로 쓰인다.

축사인: 생강과의 축사인의 종자나 성과를 석회로 건조시킨 생약으로 비위를 다스려 구토, 설사 등 소화불량의 여러 증상을 다스린다.

법제강방 1

달고 맵고 향기로운 맛과 향의 조화

법제강(法製薑, 법제생강) 만들기(법제강방) 1
복월(伏月, 음력 6월)의 생강 법제하기 : 생강 4근의 거친 껍질을 긁어
내고 깨끗이 씻어 볕에 말린 다음 자기동이에 담아 놓는다. 여기에
흰설탕(백당) 1근, 장유(醬油) 2근, 관계(官桂)·대회향(大茴香)·진피(陳
皮)·차조기 각 2냥을 잘게 썰고 고루 섞어 넣는다. 초복에 볕에 말
리기 시작해서 삼복이 되면 마치고 저장해 둔다. 말릴 때 깁이나 모
시[夏布]로 만든 망을 쳐서 파리 같은 벌레들이 날아들지 못하도록
한다. 이 생강은 신묘하여 온갖 병을 치료할 수 있다. 《군방보》

法製薑方 1
法製伏薑 : 薑四斤, 刮去粗皮, 洗淨曬乾, 放磁盆. 入白糖一斤, 醬
油二斤, 官桂·大茴香·陳皮·紫蘇葉各二兩, 切細拌均. 初伏曬起,
至三伏終收貯. 曬時, 用紗或夏布罩住, 勿令蠅蟲飛入. 此薑神妙,
能治百病. 《群芳譜》

재료: 생강 200g, 흰설탕(백설탕) 50g, 장유 100g, 관계,
대회향(팔각), 진피, 차조기 각 4.7g씩

만드는 법

1 생강의 거친 껍질을 긁어내고 깨끗이 씻어 볕에 말린 다음 자기
동이에 담아 놓는다.

2 여기에 흰설탕, 장유, 관계, 대회향, 진피, 차조기를 잘게 썰고 고루
섞어 넣는다.

3 초복(7월 10일경)에 볕에 말리기 시작해 말복(8월 10일경)이 되면
마치고 저장해둔다.

tip. 말릴 때 깁이나 모시로 만든 망을 쳐서 파리 같은 벌레들이 날아들지 못하도록 한다.

냉장 시설이 변변치 않던 시절 생강은 병원성 미생물에 대해 살균 작용을 하는 천연 항균제 역할을 했다. 고기나 생선이 잘 상하지 않도록 육포나 어포를 만들 때도 생강즙을 내서 발라 건조시켰다. 생강의 진저롤과 쇼가올 성분이 식중독을 예방해줬다.

생강의 약성은 체온을 올려줘 면역력을 향상시키니 법제강이 신묘하여 온 갖 병을 낮게 할 수 있는 면역력을 길러주는 셈이다. 생강의 원산지인 인도의 전통 의학인 아유르베다에서는 생강을 신이 내린 만병통치약으로 여겼다. 생강의 추출액을 먹고 환부에 바르고 향 치료에 이용했다. 진저롤이 항염, 진통, 항암 효과가 있으며 혈액순환을 촉진하고 소화가 잘되도록 돕는 등 어떤 약재보다 신통하다.

흔히 어떤 약재를 달여 먹든 생강, 대추, 감초 3가지는 기본적으로 넣어 달였던 기억이 있다. 그만큼 생강은 큰 해가 없으면서 친근하게 쓴 해독제다. 생강은 맛 또한 매우면서 시원하고 깔끔해 마늘과 같이 누린내나 끈적함이 없어 음식에 넣으면 한껏 품격을 올려준다.

생강을 말리는 과정에서 끓이는 것보다는 단맛이 덜 생기기 때문에 설탕을 넣고 장유(간장)를 넣어 소화를 돕고 관계와 대회향, 진피, 차조기가 가진 각각의 매운맛과 특유의 향이 항염, 방부 효과를 높여 소화 촉진, 혈액순환을 돕는다.

법제강방 2

붉은빛이 든 시고 짜고 매운 생강

법제강(法製薑, 법제생강) **만들기**(법제강방) **2**

생강 법제하기 : 끓는 물 8승에 소금 3근을 넣어 끓이면서 고루 젓는
다. 다음날 아침 따로 맑은 물을 길어다 백매(白梅) 0.5근을 공이로
잘 부수고 섞어서 담은 다음 앞의 소금물과 섞어 저장해둔다. 바로
견우화(牽牛花, 나팔꽃)를 뜯어다가 꽃의 흰 꼭지를 제거하고 물속에
던져 넣는다. 물에 견우화 성분이 우러나 매우 진해지면 꽃을 제거
한다.

어린 생강 10근을 가져다가 붉은 겉을 닦아 없애고 내키는 대로 편
으로 자른다. 앞의 물에 흰 소금 5냥, 백반 5냥, 끓는 물 5사발을
섞고 맑게 가라앉으면 생강을 담갔다가 해그림자가 약간 들게 하여
2일 동안 말린다. 이를 건져내어 볕에 말린 다음 볶은 소금을 다시
넣어 고루 섞고 뙤약볕에 말리는데, 생강 위에 흰 소금 자국이 엉겨
붙을 때까지 한다. 그릇에 넣어 저장한다. 《군방보》

法製薑方 2

法製薑: 煎沸湯八升, 入鹽三斤打均. 次早別取淸水, 以白梅半斤槌碎, 和浸, 同前鹽水和合貯頓. 逐日採牽牛花, 去白蔕, 投水中. 候水深濃, 去花.

取嫩薑十斤, 拭去紅衣, 隨意切片. 用白鹽五兩、白礬五兩、沸湯五椀化開, 澄淸浸薑, 微向日影中曬二日. 撈出晾乾, 再入炒鹽拌均, 曬烈日中, 待薑上白鹽凝燥爲度, 入器收貯. 同上

재료: 어린 생강 껍질 벗긴 것 277g, 끓는 물 2.5L,
굵은 소금 70g, 백매(젖은 상태) 90g, 견우화(나팔꽃) 46g,
볶은 소금 50g, 백반 3g, 끓는 물 180g

만드는 법

1 끓는 물에 소금을 넣어 끓이면서 고루 젓는다.

2 다음 날 아침 따로 맑은 물을 준비해 백매 0.5근을 공이로 잘
   부수고 섞어서 담은 다음 앞의 소금물과 섞는다.

3 바로 견우화를 뜯어다가 한 번 조심스럽게 씻어 꽃의 흰 꼭지를
   제거하고 물속에 넣는다.
   (물에 견우화 성분이 우러나 매우 진해지면 꽃을 제거한다.)

4 어린 생강을 가져다가 붉은 것을 닦아 없애고 편으로 자른다.

5 앞의 물에 분량의 흰 소금, 끓는 물을 섞고 맑게 가라앉으면 생강을
   담갔다가 해그림자가 약간 들게 하여 2일 동안 말린다.

6 이를 건져내어 볕에 말린 다음 볶은 소금을 다시 넣어 고루 섞고
   뙤약볕에 말리는데 생강 위에 흰 소금 자국이 엉겨붙을 때까지
   한다. 그릇에 넣어 저장한다.

생강에 고운 꽃물을 들인다. 생강에 짠맛을 들인다. 백매와 백반의 시고 떫
떠름한 맛, 기다림, 설렘 봉숭아꽃물 들이던 생각이 난다. 물들일 어린 생
강과 봉숭아 대신 나팔꽃을 찾아 주변을 부지런히 살핀다.

나팔꽃은 한창인데 생강이 모강(母薑)처럼 자라려면 아직은 시간이 필요하
다. 나팔꽃은 정오가 지나면 거짓말처럼 오므라들어 좀체 모습을 드러내지
않는다. 흡사 시골 이발소의 등처럼 도르르 말려 수풀에 모습을 감춘다. 커
다란 호박꽃이 어디든 타고 올라가는 동안 나팔꽃은 작은 넝쿨로 꼭꼭 생
명을 감아올린다.

tip. 빚틸 때 깁이나 보자기로 만든 망을 쳐서 파리 같은 벌레늘이 날아늘지 못하도록 한다.

나팔꽃, 꽈리, 봉선화가 다른 꽃들보다 친숙한 것은 작고 수수하지만 보기도 하고 먹기도 하고 놀이감도 되기 때문이다. 친숙한 존재들은 다 그렇게 허물이 없다.

적색, 홍색, 주색의 붉은 계열의 색을 들일 때는 매염제로 백반이나 소금을 넣는다. 여기서는 생강에 물을 들이기 위해 먼저 끓는 물에 소금을 넣고 산성인 백매도 넣고 백반까지 넣었다.

나팔꽃을 꺼낼 때 다시 한번 꼬옥 눌러 짜주면 진한 물이 더욱 잘 빠진다. 진분홍빛이 맨드라미 색보다 더 고상하다. 선명한 색감이 방울방울 심도가 있다. 붉은색은 아이들이나 여인들이 좋아하는 색이었고 조선 후기에는 신분을 떠나 모든 계층의 사람들이 장밋빛이나 진홍색을 즐겨 입고 먹었으니 당시를 대표하는 색이었을 것이다.

소금에 절이고 말린 생강은 생강 향이 강해져 상쾌한 향이 공기 중으로 퍼진다. 마르면서 생강의 정갈한 매운맛과 향은 남았다. 짠맛은 개운하며 겉모습은 분홍빛이 들어 곱기만 하다. 생강 맛과 잘 어울린다. 비위를 다스리는 데 설탕에 절인 편강만 생각하기 쉬우나 짠맛의 역할도 크다. 좋은 소금에도 짠맛과 단맛이 들어 있어 다채로운 맛을 느껴볼 수 있다. 소화는 물론 물들이는 과정에서 맛도 순화되고 조화로워진 견우화 생강은 몸에 지니면 급작스러운 병마를 예방하는 의학적인 비책도 되었을 것이다. 오방색 약주머니 속에 넣고 다니며 주전부리이자 상비약 역할도 했다.

손끝에 나팔꽃의 고운 물이 들었다.

나팔꽃이 곱게 피었다.

흰 꼭지를 제거한 나팔꽃을 물에 담근다

희고 고운 소금은 생강의 맛과 빛을 지켜준다

나팔꽃물이 든 생강에 짠 소금을 넣는다

자연에서 얻은 색

　　한과는 주로 곡물에 색을 들이기 때문에 흰쌀은 어떤 색이든 잘 받아들이는 성질이 있다. 제철에 꽃이나 풀잎, 뿌리에서 얻은 자연물로 색을 들이기 때문에 건강에도 이롭고 색이 곱고 자연스러우며 깊이가 있다. 쌀에 물을 들일 때는 쌀을 불릴 때부터 넣는 게 좋고 열을 가하면 색이 변하므로 주의한다. 한과는 청, 백, 적, 황, 흑의 다섯 가지 오방색 고물을 묻히기도 하는데 재료도 검은색은 검은깨, 청색은 당귀나 파래, 백색은 거피참깨, 비늘 잣이나 잣가루, 황색은 치자, 노란콩가루, 붉은색은 지치기름 등을 써서 영양학적인 측면에서도 매우 우수하다.

⋯⋯⋯⋯

봄: 진달래꽃, 앵두, 아카시아, 수리취, 작설, 송홧가루, 송피, 당귀잎, 살구, 복숭아

진달래꽃 진달래는 꽃이 상하지 않게 잘 따서 수술을 떼고 꽃만 모아 잘 씻은 다음 음지에서 물기를 말려 살짝 찐 후 가루를 내서 사용하거나 물을 넣고 끓여 색을 내서 사용한다. 끓이면 색이 청보라색으로 변한다. 색을 곱게 안정시키려면 레몬즙을 없으면 사과식초를 한 방울 넣어준다.

앵두 잘익은 앵두를 따서 끓여 체에 걸러 씨와 껍질을 제거하고 냉동에 보관했다가 쓴다.

앵두

송홧가루

수리취 잎을 다듬어 연하면서 색이 진한 것을 골라 대줄기는 자르고 물에 삶아 물기를 꼭짜서 말려 가루를 내거나 쌀가루를 빻을 때 같이 빻는다.

송홧가루 꽃가루가 아직 다 피지 않은 쥐꼬리같이 생긴 송화를 따서 며칠간 두고 마르기를 기다린다. 그러면 송화가 저절로 가루가 떨어지기 시작한다. 커다란 한지를 깔고 털어 모은 송홧가루를 수비해 불순물을 제거하고 얻은 가루를 긁어 모아 사용한다.

송피 4월경 소나무에 물이 오를 때 소나무가지의 껍질을 벗기고 속살을 벗겨 가늘게 찢은 후 물에 담가 송진과 불순물을 제거하고 연초줄기 태운 재와 함께 삶아 담가두고 물을 갈아주며 재 기운을 3일간 빼준다. 가늘게 찢어 말려 가루를 내거나 쌀가루와 섞어 시루에 쪄서 쳐서 떡을 만들어 먹는다.

복분자

오미자

....

여름: 나팔꽃, 도라지꽃, 포도, 홍화, 복분자, 자두, 딸기

복분자 복분자는 가볍게 씻어 물기를 빼고 끓여 체에 걸러 즙액을 받아 놓고 쓴다. 딸기나 피자두도 같은 방법으로 한다. 과실류는 레몬즙을 넣으면 색이 선명해진다.

포도 포도는 껍질을 벗겨 짓찧어 끓여서 걸러 짜서 즙액을 받아 사용한다.

....

가을: 맨드라미, 치자, 오미자, 지치, 산사, 검은깨, 깨, 들깨

맨드라미 늦가을 서리 맞은 맨드라미꽃을 따서 물에 흔들어 씻은 후 물에 담가두었다가 레몬즙을 넣고 끓인 다음 고운 체에 걸러 사용한다.

지치 말린 지치는 물에 씻은 후 물기를 말리고 기름에 담가두고 색을 빼거나 같이 끓여 색을 우려내고 체에 걸러 불순물을 제거하고 사용한다.

산사 수확한 산사는 표면에 붙은 불순물을 솔로 깨끗이 씻어 물기를 빼고 푹 쪄서 과육은 따로 쓰고 껍질 쪽을 골라 모았다가 말려 곱게 갈아 쓴다.

법제강방 3

물기를 머금은 순한 맛

법제강(法製薑, 법제생강) 만들기(법제강방) 3

연한 생강 만들기 : 어린 생강의 껍질을 제거하고 감초·백지·영릉향 조금을 함께 푹 삶아 편으로 썰어둔다. 그러면 먹을 때 매우 연하고 맛이 평소보다 더 좋다. 《거가필용》

法製薑方 3

造脆薑法 : 嫩生薑去皮, 甘草·白芷·零陵香少許同煮熟, 切作片子, 食之脆美異常. 《居家必用》

재료: 어린 생강 200g, 감초 7g, 백지 7g, 영릉향 4g

만드는 법

1 어린 생강의 껍질을 제거한다.

2 감초, 백지, 영릉향 조금을 함께 푹 삶아 편으로 썰어 둔다. 그러면
   먹을 때 매우 연하고 맛이 평소보다 더 좋다.

약재와 생강을 넣고 푹 삶는다   다려진 생강만을 골라낸다

어린 생강의 붉은 머리털 같은 껍질이 수줍어 보인다. 물기를 머금어 아직
은 단단해지지 않은 풋풋함이 그대로 느껴진다. 그래도 생강은 생강이라
매운맛은 조절해줄 필요가 있다. 생강을 익히면 생강의 진저롤 성분이 진저
론으로 바뀌면서 매운맛은 줄고 단맛이 생겨 먹기에 수월해진다. 수분이 많
은 생강을 그대로 두면 상하기 쉽다. 생강을 익혀 말려서 쓰면 보관도 쉽고
저장성이 좋아지며 쇼가올의 함량도 많이 늘어난다. 익힌 생강에 존재하는
쇼가올은 강력한 항염 작용을 하고 체온을 올려준다. 감초 역시 항염, 해
독 작용이 뛰어나고 백지는 산형과의 구릿대 또는 변종의 뿌리를 일컫는다.
특이한 향과 매운맛에 따뜻한 성질을 가지고 있다. 감기, 각종 통증, 피부
병을 치료하고 항균, 혈액순환을 돕는다. 봄맞이꽃과 식물인 영릉향 역시
향이 있어 향료로 쓰이거나 벌레를 쫓는 용도로 쓰였다. 영릉향도 성질이
따뜻하고 매운맛이 있어 혈액순환을 촉진하고 소화를 도우며 통증을 없애
준다. 먹고 바르고 향을 맡을 수 있다. 향이 밴 생강은 연하고 매운맛이 조
절돼서 먹기에 편안하다.

법제강방 4

5가지 맛의 조화

법제강(法製薑, 법제생강) **만들기**(법제강방) **4**

오미강(五味薑) 만들기 : 어린 생강 1근을 얇은 편으로 썬다. 부수어
씨를 제거한 백매 0.5근을 여기에 넣는다. 이어서 볶은 소금 2냥을
넣어 고루 섞은 다음 볕에 3일 동안 말려 꺼낸다. 여기에 감송(甘松)
0.3냥, 감초(甘草) 0.5냥, 단향목(檀香木)가루 0.3냥을 넣고 다시 고루
섞어 3일 동안 볕에 말린 뒤 자기그릇에 넣어 저장한다. 《거가필용》

法製薑方 4

五味薑法 : 嫩薑一斤, 切作薄片, 用白梅半斤打碎去仁, 入炒鹽二兩
拌均, 曬三日取出. 入甘松三錢, 甘草五錢, 檀末三錢, 再拌均曬三
日, 入磁器收貯. 同上

재료: 어린 생강 200g, 부수어 씨를 제거한 백매 100g, 볶은 소금 25g,
감송 3.75g, 감초 6.25g, 단향목 가루 3.75g

만드는 법

1 어린 생강을 얇은 편으로 썬다. 부수어 씨를 제거한 백매를 여기에
   넣는다.

2 이어서 볶은 소금을 넣어 고루 섞은 다음 볕에 3일 동안 말려
   꺼낸다.

3 여기에 감송, 감초, 단향목 가루를 넣고 다시 고루 섞어 3일 동안
   볕에 말린 뒤 자기 그릇에 넣어 저장한다.

신맛을 이미 법제한 백매와 소금을 넣고 3일 정도 말리면 생강에서 수분이 빠져나오고 짜고 고소한 소금의 맛과 매실의 신맛이 생강의 매운맛, 쓴맛과 어우러진다. 여기에 감초의 단맛, 감송의 단맛, 단향목 가루의 향이 어우러져 5가지 맛과 향이 완성된다. 마타릿과 식물인 감송향의 뿌리를 말린 감송은 맛이 달고 성질이 따뜻해 진통, 혈행을 좋게 하고 비위를 다스려준다. 단향목은 향기가 나는 백단, 황단, 자단 등 향을 가진 향나무를 말하며 은은한 향이 나 신경을 안정시켜준다.

향료에 버무린 후 3일 동안 말리면 생강에 향이 배어 올라오고 짠맛이 비위를 가라앉혀주면서 생강의 매운맛이 모든 것을 정리해준다. 먹는 향수인 셈이다.

법제강방 5

죽력과 생강의 효능을 담은 생강

법제강(法製薑, 법제생강) 만들기(법제강방) **5**

죽력강(竹瀝薑, 죽력생강) 만들기 : 어린 생강을 동전 두께만 한 편으로
잘라 죽력(竹瀝)에 하루 동안 담갔다가 건져내어 볕에 말린다. 이를
다시 죽력에 담갔다가 다시 볕에 말려 자기항아리에 저장한다. 매일
이른 아침에 1~2개를 씹어 먹으면 장기(瘴氣)를 막고 담을 삭이는 효
능이 있다. 《옹치잡지》

法製薑方 5

竹瀝薑法 : 嫩薑切作錢厚片, 竹瀝浸淹一日, 撈取曬乾. 再浸再曬,
磁缸收貯. 每晨早噙嚼一兩枚, 有禦瘴消痰之功. 《饔饎雜志》

재료: 동전 두께만큼 자른 어린 생강 200g,
죽력(푸른 대나무를 불에 구어 받아낸 진액) 300g

만드는 법

1 어린 생강을 동전 두께만 한 편으로 잘라 죽력에 하루 동안
   담갔다가 건져내어 볕에 말린다.
2 이를 다시 죽력에 담갔다가 다시 볕에 말려 자기 항아리에 저장한다.

사람이 떠나 집은 폐허가 돼도 집 뒤란에 있던 대숲은 그대로 남아 있는 경우가 많다. 거꾸로 대숲을 보고 사람이 살던 곳이구나 짐작하곤 한다. 대나무는 뾰족하면서 빽빽하게 잘 자라 남부 지방에서는 자연 울타리 구실을 했다. 봄에는 죽순을 먹을 수 있고 대나무 잎은 술을 담그고 대통은 그릇을 대신하거나 쪼개서 여러 가지 생활용품을 만들어 썼다.

솜대의 마디를 잘라서 태우면 그 안에서 즙액이 흘러나오는데 이것을 죽력이라고 한다. 죽력은 피를 맑게 해주고 혈류를 개선하고 중풍, 뇌졸중 같은 질환을 예방한다고 한다. 열기를 내려줘 화병이나 감기, 기관지염에 효과가 있으며 당뇨, 고지혈증 같은 대사성 질환을 앓는 사람이 먹어도 좋다.

죽력은 생강과 함께 먹으면 생강이 죽력의 찬 성질을 중화시켜줘 더욱더 효과적이다. 죽력고방을 봐도 죽력과 백밀을 소주 안에 타서 중탕해서 쓰는데 여기에 생강즙을 넣어도 좋다고 되어 있다.

죽력을 만들 때는 수분과 진액을 안으로 모으는 겨울철에 만드는 것이 좋다. 11월경 대나무를 자르고 항아리에 잎과 함께 넣고 뚜껑을 덮고 진흙으로 밀봉한 후 불에 구어 진액을 만든다. 죽력에서는 탄내가 나고 맑은 갈색 액체가 고요한 느낌을 준다. 대나무의 모든 것들이 푸르고 맑게 해주는 정화 작용이 뛰어나다. 생강이 죽력을 흡수해 탄내가 나지만 씹으면 몸과 마음의 파란을 잠재워준다.

죽력 만들기

죽력은 대나무의 진액을 모아 만든 액체로 혈행을 원활하게 해주고 화를 내려준다. 생강과 궁합이 잘 맞으며 술을 담그거나 죽력 자체를 장복하면 안색이 맑아진다.

1. 항아리에 두쪽으로 자른 대나무를 가득 쟁인다.

2. 항아리를 밀봉하고 뒤집어 새끼를 감는다.

3. 새끼 위에 황토를 바른다.

4. 통을 씌운 후 불에 굽는다

5. 마른 황토를 깨고 죽력을 얻는다

법제귤피방 1

답답한 속, 귤피 향으로 시원하게

법제귤피(法製橘皮) 만들기(법제귤피방) 1

진피 【0.5근의 속을 제거한다】·백단 【1냥】·청염 【1냥】·회향 【1냥】.
이상의 4가지 양념을 장류수(長流水) 2큰사발에 같이 달인다. 물
이 마를 때까지 달여 진피를 골라내고 자기그릇 안에 담은 다음 적
당한 물건으로 덮어두어 공기가 통하지 못하게 한다. 매일 공복에
3~5편을 잘게 씹고 끓인 물로 넘긴다. 담을 삭이고, 기침을 멈추게
하며, 징가(癥瘕)·현벽(痃癖)과 같은 적취를 깨뜨린다.《거가필용》

法製橘皮方 1

橘皮【半斤去穰】、白檀【一兩】、青鹽【一兩】、茴香【一兩】.
右件四味, 用長流水二大椀同煎. 水乾爲度, 揀出橘皮, 放于磁器
內, 以物覆之勿令透氣. 每日空心取三五片, 細嚼白湯下, 消痰止嗽,
破癥瘕、痃癖.《居家必用》

재료: 속을 제거한 진피 300g, 백단 37.5g, 청염 37.5g, 회향 37.5g

만드는 법

1 이상의 4가지 양념을 장류수 2큰사발에 같이 달인다.

2 물이 마를 때까지 달여 진피를 골라내고 자기그릇 안에 담은 다음
   적당한 물건으로 덮어 두어 공기가 통하지 못하게 한다.

3 매일 공복에 3~5편을 잘게 씹고 끓인 물로 넘긴다. 담을 삭이고
   기침을 멈추게 하며 징가, 현벽과 같은 적취를 깨뜨린다.

tip. 달일 때는 도자기에 달이고 약불에서 끈끈하게 오래 달인다.

가슴이 답답하고 울화, 체기가 있을 때 귤피는 좋은 소화제가 된다. 시원한 향에 단맛이 돌면서 거부감이 들지 않는다. 선조들은 약재를 달일 때 가장 중요한 것을 물로 여겨 신성한 물을 긷는 데 온갖 정성을 들였다. 물의 중요 성을 강조하기 위해 〈정조지〉의 맨 첫머리인 권1 식감촬요(食鑑撮要)에도 물을 가장 먼저 재료로서 다루고 있다.

장류수(長流水)는 천리수(千里水)라고도 하는데 먼 곳에서 흘러오는 강물을 말한다. 흐르는 물인 유수는 못이나 저수지의 멈춰 있는 물과는 다르고 산골의 물은 맑으나 죽을 쑤거나 차를 끓여 보면 물에 따라 맛이 각각 다르다고 했다. 다만 강과 하천의 물은 썩지 않지만 좋고 나쁨을 알 수 없는 점이 있어 주의해야 한다고 했다. 식감촬요에서는 유혈수(乳穴水) 즉 바위틈에서 흘러나오는 물을 젖과 효능이 같아 이 물로 밥을 짓고 술을 빚으면 매우 유익하다고 말한다. 오전 3~5시에 처음으로 길은 물인 정화수도 몸에 이롭고 병을 치료하며 일반적으로 우물물은 멀리 있는 지맥으로부터 온 물을 최고로 삼는다.

회향은 산형과 식물로 소회향을 말하는데 성미가 신(辛), 감(甘), 온(溫), 무독(無毒)하다. 냉통이나 복통을 완화해주고 해독 작용이 뛰어나 쇠고기의 부패를 막고 생선 요리에도 넣어 식중독을 예방한다. 청염은 바닷물을 햇볕에 말려 얻은 염화나트륨의 결정체로 음식을 소화시켜 위를 통하게 해주는 약재나 청열 해독 작용을 하는 외용 약물로 상처를 소독하는 데도 쓰였다. 진피는 맵고 성질이 따뜻해서 건위, 거담, 진해 작용을 하기 때문에 소화제나 호흡기 질환에 두루 쓰인다.

재스민, 장미, 백단향은 최고의 향기로 여겨지는데 백단향은 정신을 맑게 하고 진정 효과가 뛰어나 마음을 편안하게 해주는 약재로 쓰인다. 불교에서는 부처님께 바치는 공양물이나 의식용으로 쓰일 정도로 아름다운 향기로 인도나 인도네시아 등 열대 아시아가 원산지로 상록 소교목의 단향과 식물을 말한다. 염증을 억제해주고 냉증을 개선해준다. 백단의 정유 성분은 기침, 인후통을 완화해주고 숙면을 할 수 있게 돕는다. 백단은 흙냄새를 품은 묵직한 우디 계열의 따뜻한 향과 시트러스 계열, 회향의 시원한 향이 조화를 이뤄 심신을 안정시키는 역할을 한다.

징가, 현벽, 적취는 모두 아랫배 속에 단단하게 뭉쳐 생겨서 움직이는 것을 말한다. 담음이나 식적, 어혈로 생긴 덩어리를 말한다. 뭉친 것은 풀어주고 긴장을 완화하는 데 도움을 주는 약재로 병증을 치료한다.

법제귤피방 2

소화제, 진정제를 겸한 귤피로 얻는 평화

법제귤피(法製橘皮) 만들기(법제귤피방) 2

다른 방법:귤피 3냥을 소금을 넣고 삶아 낸다. 복령【0.4냥】·정향
【0.4냥】·감초 가루【0.7냥】·사인【0.3냥】을 함께 가루 내고 삶은 귤피
와 섞는다. 이를 불에 쬐어 말리고 상에 올린다.《준생팔전》

法製橘皮方 2

又法:橘皮三兩, 鹽煮過. 茯苓【四錢】, 丁香【四錢】, 甘草末【七錢】,
砂仁【三錢】, 共爲末拌皮, 焙乾入供.《遵生八牋》

재료: 굴피 113.4g, 소금 15.1g, 복령 15.1g, 정향 15.1g,
감초 가루 26.5g, 사인 11.3g

만드는 법

1 굴피에 소금을 넣고 삶아 낸다.

2 복령, 정향, 감초 가루, 사인을 함께 가루 내고 삶은 굴피와 섞는다.

3 이를 불에 쬐어 말리고 상에 올린다.

tip. 말릴 때는 시간을 들여 천천히 말려야 타지 않고 건조가 잘 된다.

감기에 걸려 기침이 나고 소화가 안 된다면 법제 귤피를 권하고 싶다. 법제 하는 내내 귤피의 시원한 향과 사인이 가진 상쾌한 향이 막힌 코를 뚫어주고 머리를 맑게 해준다. 정향이 가진 달고 시원하며 매운 듯 코끝을 스치는 향은 식욕을 돋우면서도 고급스럽다. 귤피와 정향은 서로 상승효과를 일으켜 마음을 가라앉혀준다.

귤피는 고혈압이나 심장병, 동맥경화, 지방간에도 좋은 식품이다. 정향은 성질이 따뜻하고 맛이 매워 위를 따뜻하게 해줘 소화가 잘되게 돕는다.

복령은 송서(松薯)라고 불리는 만큼 소나무뿌리 근처에 생기는 균체를 말한다. 예로부터 노화를 방지해 양생가들이 떡이나 죽을 만들어 먹었다. 위장을 열어주고 구역질을 멈추게 해준다. 심신을 안정시켜줘 폐에 담이 차지 않게 해준다.

사인은 공사인, 축사인이라고도 불리는데 성질이 따뜻하고 맛이 맵다. 역시 소화를 돕고 설사를 막아주며 심신을 안정시켜준다. 식욕부진과 이질을 치료한다.

감초는 맛이 달고 성질이 평(平)하며 비장을 튼튼하게 해주고 기침을 멈추게 하며 청열 해독 작용이 있고 여러 약재를 어우러지게 해주는 작용을 한다. 약재의 독성을 약화시킨다. 식욕을 증진시켜주고 신경쇠약 증상을 완화해준다.

수험생이 있다면 법제 귤피를 만들어 씹어 먹으면 소화가 잘되도록 돕고 불안한 마음을 가라앉히는 데도 도움을 준다. 소금이 약해진 비위를 강하게 해준다.

향은 심신을 열어주는 가장 자연스러운 장치다

귤피, 정향, 사인의 달고 시원하며 매운향은 의욕을 불러일으킨다.

법제귤피방 3

쌉쌀하고 시원한 씹는 소화제

법제귤피(法製橘皮) 만들기(법제귤피방) 3

청피(靑皮) 법제하기 : 이를 상복(常服)하면 신(神)을 안정시키고, 기(氣)를 조섭하며, 음식을 소화시키고, 술독을 풀어주며, 위를 이롭게 한다. 늙은이든 어린이든 상관없다. 송나라 인종(仁宗)이 식사 후에 매번 청피 몇 조각을 씹었는데, 이는 바로 형화박(邢和璞)이라는 진인(眞人)이 바친 것으로, '만년초(萬年草)'라 한다. 유기(劉跂)가 '연년초(延年草, 수명을 늘려주는 약초)'라고 이름을 바꿨다.

청피 1근을 물에 담가 쓴맛을 빼고, 속을 제거한 다음 졸여서 깨끗하게 한다. 백염화(白鹽花, 굵은 소금) 5냥, 구운 감초 6냥, 박회향(舶茴香, 대회향) 4냥, 첨수(甜水, 단맛 나는 물) 10승을 부어 끓이는데, 쉬지 말고 저어서 밑에 눌어붙지 않게 한다. 물이 다 졸아들면 뭉근한 불로 쬐어 말려 눌어붙지 않게 한다. 그런 다음 감초·회향을 제거하고 청피만 취하여 밀봉해 두었다가 쓴다. 왕석(王碩)《이간방(易簡方)》

法製橘皮方 3

法製青皮:常服, 安神調氣, 消食解酒益胃, 不拘老人小兒. 宋 仁宗
每食後咀數片, 乃邢和璞眞人所獻, 名"萬年草", 劉跂改名"延年草".
用青皮一斤浸去苦味, 去瓤煉淨, 白鹽花五兩, 炙甘草六兩, 舶茴香
四兩, 甜水一斗煮之, 不住攪, 勿令著底. 候水盡慢火焙乾, 勿令焦.
去甘草、茴香, 只取青皮密收用. 王氏《易簡方》

재료: 청피 100g, 백염화(굵은 소금) 31g, 구운 감초 37g,
박회향(대회향) 25g, 첨수(단맛 나는 물) 330g

만드는 법

1 청피를 물에 담가 쓴맛을 빼고 속을 제거한 다음 졸여서 깨끗하게
   한다.

2 백염화, 구운 감초, 박회향, 첨수를 부어 끓이는데 쉬지 말고 저어서
   밑에 눌어붙지 않게 한다. 그런 다음 감초, 회향을 제거하고 청피만
   취하여 밀봉해 두었다가 쓴다.

tip. 대회향은 별 모양이 온전한 것이 향도 좋고 약효도 뛰어나다. 오래 보관하려면 청피의
수분을 마저 날려준다.

완숙한 귤의 농익은 향과 맛을 싫어하는 사람은 드물다. 청귤의 쓰고 강한 향은 멈칫하게 만든다. 모든 생물은 완숙하기 직전이 영양 성분과 약리 작용이 최고라고 한다. 저항과 타협 사이의 긴장감이 자신을 방어하기에는 가장 적합한 상태고 이 시기가 지나면 모두에게 자신의 과육을 기꺼이 내준다.

청피는 운향과의 귤나무나 근연 식물의 덜 익은 과피를 말한다. 나오는 시기에 푸른빛이 돌고 청량한 향과 맛은 매우 쓰며 맵고 성질은 따뜻하다. 정유 성분이 소화를 촉진하고 위액과 담즙 분비를 촉진하며 가래를 삭여 주고 항균 작용을 하며 스트레스를 해소해준다. 청피는 막힌 곳의 흐름을 원활하게 해주는 효능이 뛰어나고 헤스페리딘 성분은 피부를 맑고 깨끗하면서 촉촉하게 해준다.

청귤은 8월 중순부터 9월 중순 사이에 잠깐 나오므로 이 시기를 놓치지 말고 청을 담그거나 소화제로 법제 청피를 만들어 건강을 지킬 수 있다. 맵고 싸하면서도 달고 짭짤하며 시원하고 따뜻한 향이 속을 시원하게 뚫어준다.

대회향은 박회향, 팔각회향이라고도 하는데 맵고 달고 따뜻하며 이뇨, 강장, 곽란 등의 치료제로 쓰이고 불면증이나 신경과민을 완화하고 향신료로 중국 요리에 많이 쓰인다. 산초, 회향, 정향, 계피와 함께 오향분의 한 가지로 들어간다.

흙과 돌 그리고 나무

법제비자방

상쾌한 비자로 만든 소화제

법제비자(法製榧子) 만들기(법제비자방)
비자를 자기 조각이나 기와 왓조각을 사용하여 검은 껍질을 긁어낸
다. 비자 1근마다 박하상(薄荷霜) 2냥을 백당 녹인 즙에 섞고 향이
나도록 볶아 말린 다음 상에 올린다. 《준생팔전》

法製榧子方
榧子用磁瓦刮黑皮, 每斤用薄荷霜二兩, 白糖熬汁拌, 炒香燥, 入供.
《遵生八牋》

재료: 비자 200g, 박하상 25g, 백당 녹인 즙 100g,
자기 조각 혹은 기와 조각

만드는 법

1 비자를 자기 조각이나 기와 조각을 사용하여 검은 껍질을 긁어낸다.

2 비자에 박하상을 넣고 백당 녹인 즙에 섞고 향이 나도록 볶아 말린
   다음 상에 올린다.

tip. 비자 껍질을 갈 때는 손을 다칠 수 있어 주의한다.

비자는 비자나무의 종자로 잎이 침처럼 생겼고 상록성 교목 또는 관목이다. 비자나무는 제주도나 전남에서 잘 자라는데 숲 가까이 가면 비자 향이 신비롭게 느껴진다. 비자 근처에는 해충이 오지 않는다고 한다. 엘-리모넨 (L-limonene), 토레올(Torreyol) 등의 성분이 구충 작용을 해서 구충제로도 쓰인다. 비자는 껍질을 제거하면 아몬드처럼 생긴 속이 나오는데 이것을 얻기 위해서는 겉의 까만 껍질을 갈아내야 한다. 손도 많이 가고 수고스럽지만, 안에 들어 있는 알갱이를 먹으면 사람을 윤택하게 해준다.

전남의 고산 윤선도 종가에서는 녹우당 뒤편에 있는 비자나무 열매로 만든 비자강정은 종가의 내림 음식으로 차와 함께 손님에게 내는 특별한 다과였다. 비자 알갱이에서는 막상 향이 나지 않는데 박하상으로 시원한 향을 입히고 백밀을 더해 속에 적채를 내리게 해준다. 비자강정처럼 깨나 원하는 고물을 입혀 보는 것도 괜찮을 듯하다.

승련옥로상방

화와 담을 내리는 청량함

승련옥로상(升煉玉露霜, 법제콩가루) 만들기(승련옥로상방)
콩가루 0.5근을 노구솥에 넣고 불에 쬐어 말리면 콩 비린내가 없어진다. 먼저 깨끗이 말린 용뇌(龍腦)·박하(薄荷) 1근을 시루에 넣고 고운 명주로 덮은 다음, 그 위에 콩가루를 얹고 시루의 뚜껑을 덮는다. 노구솥 위에 시루를 얹어 시루 꼭대기까지 매우 뜨거워지도록 쪄서 콩가루가 서리처럼 엉기면 완성된 것이다. 서리 같이 엉긴 가루 8냥마다 백당 4냥, 졸인 꿀 4냥을 배합하여 고루 섞고 빻아 매끄럽게 반죽하여 떡 모양으로 찍거나 혹은 환을 만든다. 이를 입에 머금고 있으면 담을 삭이고 화(火)를 내려준다. 또한 차에 견줄 수 있고 화증(火症)도 겸하여 치료할 수 있다. 《준생팔전》

升煉玉露霜方
用眞豆粉半斤, 入鍋火焙無豆腥. 先用乾淨龍腦、薄荷一斤, 入甑中, 用細絹隔住, 上置豆粉, 將甑封蓋, 上鍋蒸至頂熱甚, 霜以成矣. 收起粉霜, 每八兩配白糖四兩, 煉蜜四兩, 拌均擣膩, 印餅或丸. 噙之, 消痰降火, 更可當茶, 兼治火症.《遵生八牋》

재료: 콩가루 200g, 용뇌, 박하 200g, 백당 30g, 졸인 꿀 30g
도구: 노구솥, 시루, 고운 명주, 시루 뚜껑

만드는 법

1 콩가루를 노구솥에 넣고 불에 쬐어 말리면 콩 비린내가 없어진다.

2 먼저 깨끗이 말린 용뇌, 박하를 시루에 넣고 고운 명주로 덮은 다음
   그 위에 콩가루를 얹고 시루의 뚜껑을 덮는다.

3 노구솥 위에 시루를 얹어 시루 꼭대기까지 매우 뜨거워지도록 쪄서
   콩가루가 서리처럼 엉기면 완성된 것이다.

4 서리 같이 엉긴 가루에 백당과 졸인 꿀을 배합하여 골고루 섞고
   빻아 매끄럽게 반죽하여 떡 모양으로 찍거나 혹은 환을 만든다.

5 이를 입에 머금고 있으면 담을 삭이고 화를 내려준다. 또한 차에
   견줄 수 있고 화증도 겸하여 치료할 수 있다.

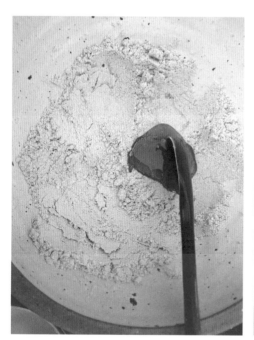

승련옥로상에는 여러 가지 법제법이 들어간다. 날콩가루를 노구솥에 넣고 볶아서 콩 비린내를 없앤다. 그다음은 찌는 방법이 등장하는데 이때 용뇌와 박하 같은 방향성 약재의 휘발성 성분이 콩가루에 스미게 한다. 여기에 독성이 없는 연밀과 백당을 함께 넣어 제형은 떡 모양이나 환 모양으로 만든다.

비린내는 없애고 여기에 화하고 시원한 향을 더해 가루 모양의 약재를 만든다. 화병을 치료하는 약재로 쓰였는데 편강처럼 주전부리로 먹는 과자조차도 모두 약성을 고려해 비위를 다스리고 담을 삭혀 오장이 편안하도록 세심하게 고려했다.

용뇌는 인도와 보르네오에서 자라는 상록 교목인 용뇌향의 수지 등을 증류하여 얻은 백색 결정체로 방향성이 강하고 매워 정신이 혼미하거나 경련, 중풍 등에 정신을 각성시키는 약재로 쓰인다. 진통, 소염, 방부, 항균 작용도 있다. 박하는 우리나라 각지에서 자생하는 꿀풀과의 다년초로 생잎에는 멘톨 성분의 정유가 함유되어 있고 소화불량이나 구토, 오심 등의 치료에 쓰인다.

승상도(升霜圖), 불과 물의 기운으로 향입히기

승상도【뚜껑 위는 불기운으로 뜨거우므로 손을 대서는 안 된다. 급히 가루를 거두어 바로 합자(合子)에 담고 합자의 입구를 밀봉하여 김이 빠져나가지 않게 해야 하니, 합자에 담고 밀봉하기를 지체하면 김이 빠져나간다. 합자 안에서 떡이 되면 이를 볕에 말리지 말고 음지에서 말리는 것이 중요하다. 매월(梅月)에는 만들지 말아야 하니, 이는 곰팡이[黴]가 많기 때문이다】

升霜圖【蓋上火熱, 手不可按. 急急收粉, 隨以合子, 密封子口, 勿令出氣, 遲則氣走. 成餅, 莫曬陰乾爲妙. 梅月勿製, 多黴】

시루 뚜껑.
시루 만들 때는 나무로 만드는데, 질시루를 쓰면
효과가 더욱 빼어나다.
콩가루.
고운 명주.
박하
사기노구솥 : 물을 담아 마르지 않게 한다. 입구
속에 김이 적으면 뜨거운 물을 더 부어야 한다.
이동식 쇠부뚜막.
불구멍.

甑蓋
甑製用木爲之, 用瓦甑尤
妙.
粉.
細絹.
薄荷.
砂鍋 : 盛水不可令乾, 口中
氣少, 須添熱水.
鐵行竈.
火門.

승상도에 사용한 기물들의 조합은 불과 물의 기운을 이용해 어떻게 약성이 있는 환제나 서리 같은 가루를 만드는지 보여준다. 이동식 쇠 부뚜막은 야외에서 사용하기에 편리하고 적은 양의 음식을 할 때 편리하게 사용할 수 있다. 사기 노구솥은 열이 지나치게 높은 것을 막아주고 은근하게 일정 온도에서 끓을 수 있게 해준다. 사기나 질그릇, 나무 등은 급격한 변화가 일어나지 않게 해서 약성을 안정적으로 취할 수 있게 한다. 물을 끓여 수증기를 은은하게 올리면 박하나 용뇌 같은 방향성 약재의 성분이 고운 명주 구멍을 타고 위로 올라가 콩가루에 입혀진다. 이때 질시루는 가벼우면서 수분을 머금어 가루에 고르게 수분이 작용하도록 돕는다. 나무로 된 시루 뚜껑은 수분을 흡수해 직접 물방울이 떨어지는 것을 막아준다. 안에 들어 있는 콩가루는 마르지 않고 촉촉해지며 향이 입혀진다. 가루는 바로 뚜껑이 있는 합자에 담고 밀봉해 김이 빠져나가지 않게 해 합자 안에서 떡이 되면 음지에서 말리고 매실이 익는 매월인 음력 5월에서 6월 초는 곰팡이가 피기 쉬우므로 만들지 않는다. 불과 물이 협조하여 서로 조화를 이루는 원리를 이용했다.

법제

　　《신농본초경》의 서례(序例)에 보면 약물은 산(酸), 함(鹹), 감(甘), 고(苦), 신(辛)의 오미(五味)와 한열온량(寒熱溫涼)의 사기(四氣)가 있고 독성의 유무가 있다고 해 배합과 포제 및 사용법을 적어 놓았다. 성질이 강한 약재들은 대부분 독을 가지고 있어 도리어 사람의 정기(精氣)를 손상시킨다. 이런 독성은 포제 과정을 거치면 독성이 감해지거나 없어진다. 가열법, 수표법, 제상법 및 보조적인 재료를 더해 처리하는 방법이 있다. 독성을 가진 약물도 꿀 같은 다른 재료와의 배합을 통해 독성을 줄일 수

있다. 적절한 제형이나 제조법을 통해 독성을 감하게 만든다. 체질에 유의해서 복약법을 지킨다. 체질에 따라서는 과민하게 몸이 반응해 탈이 날 수도 있어 주의해야 한다.

생과일은 대부분 성질이 차고 산미가 강하면서 단맛이 돈다. 병후 잃은 입맛을 되찾게 해주고 변비를 막아주며 피로에 지친 몸에 활력을 되찾아준다.

약재의 제형에는 탕제(湯劑), 환제(丸劑), 산제(散劑), 고제(膏劑), 주제(酒劑), 충제(冲劑), 당장제(糖漿劑), 편제(片劑) 등이 있다.

승련옥로상에는 여러 가지 법제법이 들어간다. 날콩가루를 노구솥에 넣고 볶아서 콩 비린내를 없앤다. 그다음은 찌는 방법이 등장하는데 이때 용뇌와 박하 같은 방향성 약재의 휘발성 성분이 콩가루에 스미게 한다. 여기에 독성이 없는 연밀과 백당을 함께 넣어 제형은 떡 모양이나 환 모양으로 만든다.

비린내는 없애고 여기에 화하고 시원한 향을 더해 가루 모양의 약재를 만든다. 화병을 치료하는 약재로 쓰였는데 편강처럼 주전부리로 먹는 과자조차도 모두 약성을 고려해 비위를 다스리고 담을 삭혀 오장이 편안하도록 세심하게 고려했다.

용뇌는 인도와 보르네오에서 자라는 상록 교목인 용뇌향의 수지 등을 증류하여 얻은 백색 결정체로 방향성이 강하고 매워 정신이 혼미하거나 경련, 중풍 등에 정신을 각성시키는 약재로 쓰인다. 진통, 소염, 방부, 항균 작용도 있다.

박하는 우리나라 각지에서 자생하는 꿀풀과의 다년초로 생잎에는 멘톨 성분의 정유가 함유되어 있고 소화불량이나 구토, 오심 등의 치료에 쓰인다.

제 2 장

점과(유과)
黏菓

점과(黏菓)는 차진 곡물의 성질을 이용해 꿀과 반죽해 기름에 지지거나 찐 후에 쳐서 모양을 빚어 말리고 튀겨 집청 한 후 고물을 묻힌 과자류를 말한다. 점과에는 귀한 꿀과 밀가루, 참기름이 들어가는 유밀과와 찹쌀가루, 기름, 조청, 나화 같은 귀한 재료가 들어가는 유과류가 있다. 이밖에도 집청을 하지 않는 중계류, 모양을 낸 만두과, 다식 틀에 찍은 다식과 같이 응용을 한 종류들도 있다. 곡물의 종류는 다양해서 메밀, 고구마 등 형편에 맞게 썼고 비자모양을 내기도 했다.

점과류는 한과를 대표하는 과자로 제사를 모시고 손님을 맞이할 때 과품 중에 상석에 놓았다. 곡물로 만든 점과는 곡류를 활용한 가장 창의적인 결과물의 집합이다.

총론

일반적으로 밀가루에 꿀을 반죽하여 기름에 지진 것은 모두 '이(餌)'
라 하지 '과(菓)'라 하지는 않는다. 한구(寒具), 거여(粔籹), 임두(餁頭)와
같은 명칭은 바로 요즘 산자의 별칭이다. 이를 우리나라 사람들은
'유밀과(油蜜菓)'라 한다.

總論

凡粉麪之蜜溲油煎者, 皆謂之"餌", 不名爲"菓", 如寒具也, 粔籹也,
餁頭也, 卽今饊子之別名, 東人所謂"油蜜菓"者.

한구는 넓은 의미의 강정 중에 산자를 지칭한다. 강정의 유래인 한나라 때의 한구(寒具)는 당시 한나라에서는 아침밥을 먹기 전에 입맛을 돋우기 위해 한구를 먹는 습속이 있었다고 한다. 이후 진나라 때는 환병(環餠)이라 불렀다. 이는 쌀을 가루 내서 찐 것을 말한다.
한구가 애피타이저로 쓰였다는 의미이며 모양은 고리 모양 즉 도넛 모양이었을 듯하다.

《식경(食經)》과 자서(字書)에서 모두 이를 병(餠)의 일종이라 했으니【《집운(集韻)》에서는 "한구는 병(餠, 떡)의 일종이다."라고 했다. 《식경(食經)》에 "한구는 환병(環餠, 둥근 떡)이다."라 했다. 《제민요술》에 "거여는 환병이다."라 했다. 《편해(篇海)》에 "임두는 병(餠)이다."라 했다】, 이것이 바로 그 증거이다. 그러나 우리나라 사람들만은 이를 과(菓)라고 하여, 제사를 모시고 손님을 접대하는 데 반드시 이 유밀과(油蜜菓)를 과품(菓品, 여러 가지 과자) 가운데 상석에 놓는다.

而《食經》、字書皆以謂餠屬【《集韻》云"寒具, 餠屬",《食經》云"寒具, 環餠",《齊民要術》云"粗粉, 環餠",《篇海》云"餟頭, 餠也"】, 此其證也. 而東人獨菓之, 祀神饗賓, 必置之菓品上列.

중국에서는 떡에서 유래한 유밀과를 가족들끼리 먹는 일상식에서 입맛을 돋우는 애피타이저 용도로 먹었다면 우리나라에서는 대접이 달라 유밀과를 조상께 올리거나 손님을 대접하는 귀한 자리에 올렸다는 것을 알 수 있다. 땅이 넓고 주전부리가 발달한 중국에서는 지방에 따라 밀도 많이 나기 때문에 하나의 일상식으로 과자를 봤다면 우리나라에 와서는 일상식이 아닌 때가 되면 하는 귀한 의례 음식의 성격이 강했다.

　　과품(菓品)이나 상석(上席)이라는 말에서 보듯 이미 의례 절차에
의해 상차림을 할 때 무리가 있고 올리는 과류 중에 유밀과가 제일 좋
은 자리 즉 손님이 먹기 편한 위치에 놓는다는 의미도 있고 의례 중심
의 고배과 놓는 과자를 괴는 식식 이미시를 농시한다는 의미노 있나.

이 말이 무슨 의미인지 평소에 알지 못했다가, 우연히 《옥편(玉篇)》을 상고해보니, 거기에 "정(飣)은 저장 음식이다."라 했다. 또 《옥해(玉海)》에서는 "요즘 풍속에 연회를 할 때 점과(黏果)를 음식 자리 앞쪽에 늘어놓은 것을 '간석정좌(看席飣坐)'라고 하는데, 이는 쌓아두고 먹지 않음을 말하는 것이다."라 했다.

과(菓) 중에서 기름지고 손에 끈적거리면서 오래 두어도 상하지 않는 것이 한구의 종류가 아니라면, 우리나라 사람들이 기름에 지진 밀가루를 과(菓)라고 할 줄을 언제 처음으로 알았겠는가? 그러므로 애초에 근거가 없는 호칭은 아니다. 만약 의미상 문제가 없다면 우리나라 민간에서 과(菓)라 하는 말을 따라도 좋을 것이다. 《옹치잡지》

尋常不知何謂, 偶考《玉篇》云 : "飣, 貯食也." 《玉海》云 : "今俗燕
會, 黏果列席前曰'看席飣坐'謂飣而不食也."
菓之油膩黏手, 久貯不敗者, 非寒具之屬, 而何始知東人之謂油煎粉
麪爲菓者, 亦未始無稽之稱. 苟無害於義, 從俗可矣.《饔饎雜志》

　　　같은 사물을 보더라도 나라마다 바라보는 관점이 다르다. 중
국과 우리나라에서 "과"를 바라보는 문화의 차이를 병과 과로 보는
이유와 활용법 즉 용례를 통해 융통성 있게 우리나라에서 과라고
하는 이유를 들어 명칭의 타당성을 인정하고 있다.
이런 문화적인 차이는 옳고 그름의 대상이라기보다는 사물을 보고
쓰임을 생각해 응용하거나 다른 창의적인 쓰임을 형편과 환경에 맞
게 변용하기 때문이다.
중국에서는 밀가루에 꿀을 반죽하여 기름에 지진 것, 산자를 이(餌)
즉 떡 종류로 보고 떡의 의미가 들어 있는 한구, 거여, 임두라는 명
칭을 쓴다. 우리나라 사람들이 점과를 과라고 부르는 것을 근거가
있고 의미상 문제가 없다면 인정해도 좋다고 했다.
비교문화적 관점에서 문화적 충돌보다는 중국식 문화를 통해 우리
식문화를 바라보고 역사적인 변천과 우리나라 사람들의 습속을 바
라보고 있다. 속(俗, 풍습) 그 속에는 민간에서 오랫동안 내려온 풍속
에 대한 애정이 느껴진다. 대상을 관찰하고 삶을 들여다보며 이해하
려는 시각이 없으면 일방적인 교육서나 에세이적 기록물 혹은 지식
모음의 성격을 띠게 된다. 총론을 통해 풍습에 대해 접근하는 태도
에서 풍석의 관찰, 비교, 논증, 확정의 사유 과정에서 마지막에 현
실의 주체인 백성과 역사성을 배제하지 않는다.

산자방

◇

아름답게 꽃이 핀 각종 산자

산자(饊子) 만들기(산자방) 1

우리나라의 산자는 모양이 패향(佩香, 몸에 차고 다니는 향)과 같다. 설탕이나 엿을 끼얹고 홍색이나 백색의 강반(糒飯)을 묻힌다【'糒'은 거(巨)와 양(兩)의 반절음이며, 튀겨서 단단해진 밥이다. 찹쌀을 쪄서 밥을 하고 밥이 다 되면 식도록 두었다가 기름에 튀겨 만든다. 홍색은 자초(紫草)로 물들인 것이다】.

붉은 것은 '홍산자(紅饊子)'라 하고, 흰 것은 '백산자(白饊子)'라 한다. 또 여뀌꽃[蓼花]의 모양으로 된 것이 있는데, 이것 역시 홍색과 백색의 강반을 묻히되, 여뀌꽃의 자루 부분 0.1척 정도에는 강반을 묻히지 않고 남겨두는 방식으로 염두(捻頭)를 만들었다. 이를 '요화산자(蓼花饊子)'라 부른다.《고사십이집》

饊子方 1

我東饊子, 形如佩香, 沃以糖、餳, 傅以紅白飯【案 "糒"巨兩切, 硬食也. 用糯米蒸飯, 旣成放冷, 油煎而成. 其紅者, 以紫草染色】.

紅稱"紅饊子", 白稱"白饊子". 又有爲蓼花之形者, 亦傅以紅白"糒"飯, 留其柄寸許, 以爲捻頭, 名"蓼花饊子".《攷事十二集》

산자 만드는 법: 가장 좋은, 백정향(白丁香, 흰 정향나무)의 색을 띤 찹쌀을 가루로 빻아 고운체로 친다. 여기에 밀가루를 조금 넣고 소금물에 반죽한 다음 나무밀판 위에서 아주 얇게 밀어서 편다. 이를 칼로 직경 0.1척 정도 되는 편으로 썬다.

이 편을 쟁개비나 삼발이솥 안에서 참기름으로 지진다【혹 중국인들은 창이자(蒼耳子, 도꼬마리)기름으로 한구를 지진다고 하는데, 시험해보아야 할 것이다】. 지질 때는 구멍 뚫린 국자로 자주 눌러서 산자 몸통이 부풀어 오르지 못하게 한다. 지진 뒤 젓가락으로 건져 올려 깨끗한 소반 위에 둔다.

따로 벌꿀·흰엿을 서로 섞어서 녹인 다음 이를 산자 위에 끼얹어 섞는다. 이어서 이 산자를 강반(饊飯) 속에 넣어 몇 차례 굴리면, 강반이 알알이 산자 편 위에 달라붙어 산자의 옷이 된다. 깨물면 바삭거리는 소리가 난다. 몇 개월을 두어도 상하지 않는다.《옹치잡지》

饊子方 2

饊子造法: 上好白丁香色糯米, 擣粉細羅過. 入少小麥麪, 鹽水溲爲劑, 木案上, 薄薄捍開, 刀切作徑寸片.

銚、鐺內用脂麻油煎之【或言中國人用蒼耳子油煎寒具, 當試之】. 煎時, 以漏杓頻頻鎭按, 勿令泡脹, 以箸撈起, 置淨盤上.

另用蜂蜜、白餳, 相和溶化, 拌饊子上, 拖飯中, 翻轉數回, 則飯粒粒黏着于饊子片上爲衣. 嚼之

有聲, 可留數月不敗. 同上

산자바탕만들기

준비한 찹쌀가루와 빻은 소금을 고루 체에 내린다.

내린 가루를 반죽해서 고루 치댄다.

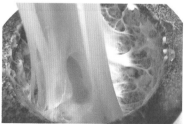

김 오른 찜통에 찐 다음 실이 나도록 친다.

바탕을 펴고 갈라서 말린다.

도구: 고운체, 나무밀판, 칼, 쟁개비 혹은 삼발이 솥,
구멍 뚫린 국자(누표), 젓가락, 소반(반상), 보자기, 기름
재료: 바탕-찹쌀 200g, 밀가루 33g, 물 70g, 소금 2.6g
번가루: 밀가루 1컵, 지짐 기름-참기름 3컵, 집청-꿀 50g,
흰엿(백설탕) 100g, 발색제-지치
고물-강반 2컵(반은 백색, 반은 지에밥을 찔 때 지치물을 들여 준비한다)
붉은 강반 130g, 백색 강반 153g
강반 튀김 기름: 500g(옥수수기름이나 콩기름)
고명-잣 1큰술, 대추 3개

만드는 법

1 가장 좋은 백정향 색을 띤 찹쌀을 골라 깨끗이 씻어 10~15일 가량
   물을 갈지 않고 찹쌀을 발효시킨다. 깨끗이 씻는다.
   tip. 골마지가 끼면 여러 번 씻어 건진다. 여기서는 한과 전용 뽀얀 미르찰을 사용했다.

2 물기 뺀 찹쌀을 가루로 빻아 고운체로 친다.

3 여기에 밀가루를 조금 넣고 소금물에 반죽한 다음 나무밀판 위에서
   아주 얇게 밀어서 편다.

4 이를 칼로 직경 3cm 정도 되는 편으로 썬다.

5 이 편을 쟁개비나 삼발이 솥 안에서 참기름으로 지진다.
   [혹 중국인들은 창이자 기름으로 한구를 지진다고 하는데 시험해
   보아야 할 것이다.]

   tip. 산자 바탕은 30도 기름에서 1분간 불려주고 120도에서 1분, 160도(170도)에서 2분
   정도 튀겨준다.

6 지질 때는 구멍 뚫린 국자로 자주 눌러서 산자 몸통이 부풀어
   오르지 못하게 한다. 지진 뒤 젓가락으로 건져 올려 깨끗한 소반
   위에 둔다.

   tip. 바탕이 부풀어 오르면 숟가락으로 네 귀퉁이를 눌러 모양을 바로잡고 흰색으로 튀
   겨 기름 망에 종이를 깔아 기름을 완전히 빼낸다. 한쪽 모서리를 자르고 세워 놓아 기름
   을 완전히 빼낸다.

7 따로 벌꿀, 흰엿을 서로 섞어서 녹인 다음 이를 산자 위에 끼얹어
   섞는다.

8 이어서 이 산자를 강반(산자밥풀 옷, 찹쌀을 쪄서 말린 것을
   보자기에 싸서 끓는 기름에 넣어 튀긴 밥풀) 속에 넣어 몇 차례
   굴리면 강반이 알알이 산자 편 위에 달라붙어 산자의 옷이 된다.
   깨물면 바삭거리는 소리가 난다. 몇 개월을 두어도 상하지 않는다.

   tip. 튀긴 바탕은 충분히 식은 다음 꿀이나 조청을 발라야 눅눅해지지 않는다.

〈정조지〉 속의 산자는 바탕의 재료가 찹쌀과 밀가루, 소금물로 다른 고조리서 속 한과에 비해 간단한 편이다. 소주나 막걸리, 콩가루, 엿기름 같은 조직을 연하게 만드는 재료가 안 들어간다. 또 반죽 후에 바탕을 쪄서 꽈리가 일도록 치고 말리는 과정 없이 바로 밀어서 기름에 튀긴다. 조직을 연하게 하기보다는 편리함에 초점을 맞춘 산자. 남성스럽고 기본에 충실한 묵직한 산자, 투박한 산자라고 볼 수 있다. 합천의 자갈 산자도 기름이 귀해 튀기지 않고 달군 돌의 열을 이용해 부풀렸듯이 조직은 덜 부드러워도 나름의 맛이 있다. 《영접도감의궤(迎接都監儀軌)》에 나오는 백산자도 밀가루를 쓰고 산자라는 이름의 의미를 볶은 벼를 뜻하는 산자에 두고 있다. 초기에는 찰나락을 튀겨 쓰다가 찹쌀밥을 말려 튀긴 건반이므로 산자의 의미는 이 건반을 튀긴 것에서 찾을 수 있다. 그러나 《규합총서》의 매화산자법에는 찰벼를 튀겨 만드는 법이 나와 있어 두 가지 방법이 같이 쓰이기도 했다.

찹쌀가루에 밀가루를 섞어 만든 산자는 부드럽고 찹쌀 특유의 찰기가 남아 있다. 삭힌 찹쌀가루로 만들어 찹쌀 특유의 냄새와 텁텁한 맛이 느껴지지 않고 소화가 잘된다. 강반을 튀길 때는 120도 온도에 이르면 적당량을 넣어야 일시에 꽃처럼 잘 부푼다. 요화산자는 요화를 본떠 알알이 붙은 강반이 바삭한 맛을 내주고 보기에도 좋다. 방신영이 쓴 《조선요리제법(朝鮮料理製法)》에 '요화(蓼花)대'라는 이름이 보이는데 가루에 설탕을 넣고 끓는 물에 익반죽해 기름에 지져 조청을 바르고 지에밥 말린 것을 기름에 볶아서 묻힌다고 나와 있다.

자초는 지칫과에 속하는 여러해살이풀로 뿌리에서 염료를 추출해 자줏빛을 내는 데 사용했다. 뿌리에 시코닌(Shikonin) 색소가 들어 있어 술, 떡, 강반 등 식품의 물을 들이는 데 썼다. 자초로 염색한 자줏빛 옷은 부의 상징이었다. 밀랍에 자초를 담그면 입술연지가 되고 기름에 자초를 담가두면 자색 기름이 되어 한과의 색을 내는 데도 요긴하게 쓰인다.

소주 중에서도 귀한 내국홍로는 소줏고리에서 떨어지는 술을 받을 때 자초를 썰어 받쳐두면 붉은빛이 진하고 깊어진다. 자초 기름은 화상, 동상 등에 바르고 독을 제거하고 피를 맑게 하며 항염 작용을 한다.

여뀌는 강가 습지에서 흔히 볼 수 있는 마디풀과 한해살이풀로 작은 알갱이

같은 꽃이 수없이 달려 있다. 여인들은 여뀌꽃의 아름다움을 놓치지 않고 자수를 놓고 화가들은 초충도에 여뀌, 원추리, 맨드라미 같은 식물들을 화폭에 옮겨 그렸다. 꽃이 붉고 맛은 매워 벽사의 의미도 있다. '요화(蓼花)'라고도 하는데 여뀌의 어린잎은 데쳐서 먹고 술을 빚거나 식초와 누룩을 만들 때 삼잎, 닥나무잎, 여뀌잎을 두껍게 덮고 찐다. 여뀌즙을 넣으면 술이나 음식이 쉬이 상하지 않는다. 여뀌는 생선의 비린내를 없애주는 향신료로도 쓰인다. 약용 식물로서 여뀌는 폴리고디알(Polygodial)이라는 정유 성분과 히페린(Hyperin)이 들어 있어 해독, 지혈, 피부병, 혈압강하 작용을 한다. 친근한 풀로 사랑받던 여뀌가 지금은 한낱 이름 없는 풀로 머무는 게 안타깝다.

도꼬마리는 길가나 주변 잡초가 우거진 곳에서 흔히 볼 수 있는 국화과 한

사임당의 초충도 여뀌와 사마귀 국립박물관 소장 (사임당의 뜰)

해살이풀이다. 도꼬마리의 과실이 바로 창이자인데 딱딱하고 가시가 나 있는 외피 안에 두 개의 씨앗이 들어 있다. 전초에는 사포닌, 크산티닌 (Xanthinin), 크산토스트루마린(Xanthostrumarin) 등이 들어 있고 씨앗에는 리놀산, 올레산, 포화지방산으로 구성되어 있어 기름을 짤 수 있다. 뿔이 떨어지도록 잘 볶아서 기름을 짜는데 기름이 적게 나오기 때문에 기름을 짜는 게 쉽지는 않다. 도꼬마리는 독성이 있어 볶아서 차로 마시거나 술을 담가 마시는 등 너무 과량을 복용해서는 안 된다. 만성비염이나 축농증, 피부병 치료제로 쓰이며 기름을 짤 때는 갈색으로 완전히 성숙한 것을 쓴다. 맛은 맵고 쓰며 성질은 차다.

조청바르기

   조청을 만들려면 곡물 익힌 것과 엿기름이 필요하다. 조청의 재료
는 곡물로 쌀, 수수, 밀 등이 가능해 손쉽게 당을 얻는 방법이었다. 먼저
엿기름을 띄워야하는데 보리가 가장 효소생성을 가장 잘하기 때문이다.
싹을 틔움으로써 전분을 당으로 분해하는 효소를 발달시킨다.
엿기름이 잘뜬 공간에 들어가면 은은한 단내가 부드럽게 난다. 엿기름이
잘 발아가 돼야 조청이 잘 만들어진다. 발아가 된 엿기름은 건조작업을
통해 효소는 보존하면서 풍미를 향상시킨다.
엿기름과 익힌 곡물을 섞어 엿기름의 효소가 삶은 전분입자들을 대사작
용을 통해 걸죽한 상태로 변화시킨다. 물만을 걸러내 엿당, 포도당으로
이루어진 걸죽한 조청이 만들어진다. 단맛은 약하지만 과자뿐만 아니라

조림, 짠지, 고추장 등에 단맛을 내고 광택제로 쓰인다.

한과에 바르는 조청 역시 발효된 음식이기 때문에 소화가 잘되고 속이 편안할 수 밖에 없다. 미생물이 작용하는 음식들은 시간과 정성이 들어간다. 화장도 많이 두드리고 매만질수록 내 피부처럼 밀착되듯이 절대시간이 필요한 수공예적인 음식일수록 많은 경험과 인내가 필요하다. 튀겨진 바탕의 산화를 막고 상태를 유지하기 위해 조청으로 코팅을 해준다. 꼼꼼하게 바르고 강반을 분처럼 바르면 입자가 주는 식감이 생기면서 시각적, 정서적인 만족감을 주게 된다. 쌀과자는 오랫동안 우리 입맛에 익숙하면서 탈없는 과자로 함께 해왔다. 그 바탕에는 쌀이 가진 순백, 순수, 담백, 풍요 같은 이미지가 함께 해온 지극히 자연스런 결과였다.

········

청의 종류

청: 꿀을 의미한다.

집청: 집청이란 꿀물에 담근다는 의미이다. 1670년 경에 씌어진 음식디미방의 약과법의 집청은 꿀과 물을 섞은 비율이 집청 1되에 물 1홉반으로 비율로 보면 10:1.5다. 꿀이 귀해 꿀과 조청을 섞어 청으로 사용하기도 했다. 꿀대신 조청을 넣으면 질이 조금 떨어진다.

백청: 조청을 뜻한다. 사람이 하얗게 만든 청을 말한다.

조청: 조청은 청은 청이되 사람이 만든 청이란 뜻으로 조청이라고 불렀다.

흑당: 백청을 계속 달여 갈색이 나도록 만든 것을 말한다. 이 흑당의 전신이 흑탕이다.

교맥산자방

담백하고 고소한 건강 산자

교맥산자(蕎麥饊子, 메밀산자) 만들기(교맥산자방)

메밀쌀을 빻아 가루 낸 뒤, 고운체로 친 다음 여기에 약간의 밀가루를 넣고 소금물에 반죽한다. 이를 밀고 편 다음 칼로 직경 0.1척 정도의 편으로 썬다. 이를 기름에 지지고 엿을 끼얹는 일은 위의 방법과 같다. 그리고 흑임자는 껍질을 벗기고 향이 나도록 볶은 다음 엿을 끼얹은 산자에 옷을 입힌다. 《옹치잡지》

蕎麥饊子方

蕎麥米擣粉, 細羅過, 入少小麥麵, 鹽水溲爲劑, 捍開, 刀切作徑寸片. 油煎餳沃, 如上法, 而黑胡麻去皮, 炒香爲衣. 《饔饎雜志》

재료: 바탕- 메밀쌀 가루 150g, 중력 밀가루 50g, 소금 2g, 물 90g

지짐 기름-기름 300g

집청-엿 200g

고물-볶은 거피 검정깨 100g

도구: 빻기, 고운 체, 칼

만드는 법

1   메밀쌀을 빻아 가루 낸 뒤 고운체로 친 다음 여기에 약간의
    밀가루를 넣고 소금물에 반죽한다.

2   이를 밀고 편 다음 칼로 직경 3cm 정도의 편으로 썬다.

3   이를 기름에 지지고 엿을 끼얹는 일은 위의 방법과 같다.

4   그리고 흑임자는 껍질을 벗기고 향이 나도록 볶은 다음 엿을 끼얹은
    산자에 옷을 입힌다.

tip.   콩가루, 녹말, 달걀, 소금물 등을 섞으면 찰기가 보강된다.

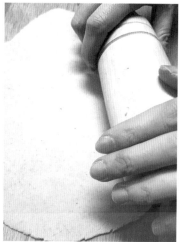

메밀은 찰기가 없어 제분 상태와 반죽법에 따라 상태가 달라진다. 메밀을 가루 내어 고운체로 쳐서 밀가루를 조금 넣고 소금물로 반죽하고 휴지를 시키면 탄력이 생긴다. 메밀은 중심부를 빻으면 부드럽지만, 향은 사라져 풍미는 약해진다. 껍질에는 살리실아민(Salicylamin)이나 벤질아민(Benzylamine)이라는 성분이 있어 유해할 수 있지만, 변비를 예방해주는 효과는 크다.

메밀은 가슴속이 달아오르며 열이 많은 사람에게 적합한 식재다. 메밀은 필수 아미노산인 라이신, 트립토판, 트레오닌 함량이 높지만 프롤라민이 적어 찰기는 부족하다. 철, 나이아신, 티아민, 리보플래빈 등의 영양소가 고루 들어 있고 루틴이 혈관 건강을 지켜줘 성인병 예방 및 비만 방지 식품으로 인기가 높아지고 있다.

교맥산자는 많이 부풀지는 않고 찹쌀 바탕에 비해 다소 질기지만 튀기는 온도를 160도 정도를 유지해 튀기면 나름 부풀면서 딱딱해지지 않고 부드럽게 바탕이 튀겨진다. 메밀 바탕은 메밀의 입자감이 느껴지면서 은은하게 달고 검은깨 고물이 톡톡 터지면서 고소한 맛이 일품이다. 메밀의 질감이 느

꺼지는 자연스러운 색상과 향이 향토적이며 고전적인 멋을 풍긴다. 산자도 재료에 따라 음양의 조화를 고려해 조화롭게 만들 수 있다. 깨고물도 검은 깨를 써서 강한 대비를 이루도록 색 조화를 고려했다. 주로 쌀 산자만을 만들어 먹지 말고 메밀이나 다른 곡물가루를 활용한 다양한 산자를 만들어 먹으면 영양학적으로도 좋다. 당시에는 귀한 밀가루는 조금 넣어 찰기를 보충하고 흔한 메밀가루를 쓴 점도 지혜롭다.

매화산자방

산자 위에 피어난 매화 송이

매화산자(梅花饊子, 매화 모양 찹쌀튀밥 입힌 산자) **만들기**(매화산자방)
아주 좋은 찹쌀을 빻아 가루 낸 뒤 고운체로 친다. 여기에 술밑[酒
酵]을 넣고 반죽한 다음 칼로 편으로 썬다. 이때 편은 사방 0.2~0.3
척이 되고 두께가 0.04~0.05척이 되도록 한다. 이를 따뜻한 온돌
위에 깨끗한 종이를 펴고 널어서 말린 다음 참기름에 지져낸다. 혹
발효가 고르지 않아 우둘투둘 가지런하지 않은 곳이 있으면 칼로 평
평하고 네모반듯하게 잘라낸다. 여기에 꿀과 엿을 끼얹은 다음 찹쌀
튀밥[糯花]을 입힌다.

梅花饊子方
上好糯米擣粉, 細羅過. 酒酵爲劑, 刀切作片, 方可數寸, 厚可四五
分. 煖堗上鋪淨紙攤乾, 麻油煎出. 或有發酵未均, 凸陷不齊處, 以
刀削平方正, 沃以蜜、餹, 衣以糯花.

재료: 찹쌀가루 3컵, 막걸리 1/2컵, 기름 7컵, 물엿 2컵,
설탕 1/2컵, 찰벼 3컵, 잣1/2컵
바탕– 찹쌀가루 3컵, 술밑 1/2컵, 찹쌀가루 200g,
막걸리 60g, 옥수수전분 50g
지짐 기름– 참기름 7컵, 자초 3뿌리
집청–꿀 50g, 엿 100g
고물–찰벼나락 100g, 비늘잣 50g
도구: 빻기, 고운체, 칼, 온돌, 종이, 쇠쟁개비

만드는 법

1 아주 좋은 찹쌀을 빻아 가루 낸 뒤 고운체로 친다.

2 여기에 술밑(술을 만들기 위해 미리 만들어둔 발효제)을 넣고
   반죽한 다음 김 오른 찜통에 반죽한 덩이를 부수어 펴서 넣고
   20분간 투명해질 때까지 찐다.

3 찐 반죽은 꽈리가 일도록 친다.

4 도마에 전분을 뿌리고 반죽을 떼어 붙지 않도록 펼친다.

5 반죽을 넓게 펴고 칼로 편으로 썬다. 이때 편은 사방 6cm가 되고
   두께가 1.2cm 정도 되도록 한다.

6 이를 따뜻한 온돌 위에 깨끗한 종이를 펴고 널어서 말린 다음
   참기름에 지져 낸다. 혹 발효가 고르지 않아 우둘투둘 가지런하지
   않은 곳이 있으면 칼로 평평하고 네모반듯하게 잘라낸다.

7 여기에 꿀과 엿을 끼얹은 다음 찹쌀튀밥(나화)을 입힌다.

tip. 반죽은 높이 치면 점점 윤기가 생기면서 실같이 가는 줄이 생기고 꽈리가 생긴다. 충분
      히 쳐줘야 공기가 많이 들어간다.

2주간의 삭힘
'골킨 과자'의 시작이다.
꽈리가 일고 견사처럼
실이 날 때까지 쳐준다.
고르게 말리는 과정까지
기다림의 연속이다.

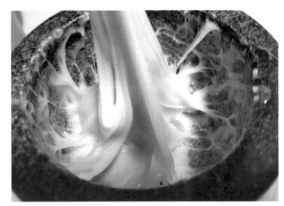

참고. 찰벼는 비단찰 나락을 사용
했다. 막걸리는 앉은뱅이 밀누룩에
대추찰로 빚은 술밑을 사용했다.

찹쌀튀밥 만들기

찹쌀튀밥 만들기: 아주 좋은 찹쌀을 쇠쟁개비 안에 넣고 센 불로 볶으면 알알이 터져 사방으로 피어난 매화 모양이 된다. 이 중에서 타거나 말리거나 한쪽으로 비틀어진 튀밥은 가려내고, 다만 모양이 온전하고 깨끗하여 눈처럼 흰 찹쌀튀밥만을 취한다. 꿀을 산자 편에 펴 바르되, 상하 사방에 골고루 펴 바른다. 홍색을 내려면 튀밥을 기름에 튀겨 자초(紫草)로 염색하고, 황색을 내려면 잣을 수직으로 가르고 얇은 편을 만들어 옷을 입힌다. 《옹치잡지》

糯花造法: 用絶好糯稻入鐵鎚內, 武火炒之, 則粒粒爆炸, 作四出梅花形, 揀去其焦卷偏歪者, 只取完淨雪白糯花. 蜜排嵌着于饊子片, 上下四隅, 周遭排嵌. 欲紅色則油煮紫草染之, 欲黃色則海松子仁竪剖, 作薄片衣之. 《饔饎雜志》

《본초강목(本草綱目)》에 "옥수수알맹이는 흰 꽃처럼 터지게 볶을 수 있는데, 찹쌀을 볶아서 터졌을 때의 모양과 같다."라 했다. 《화한삼재도회(和漢三才圖會)》에 "옥수수를 둥구미[篇]에 넣고 물에 적신 다음 쟁개비 안에 넣고 저으면서 볶으면 알알이 매화 모양으로 부풀면서 터지며, 맛이 연하고 좋다."라 했다. 이것은 우리나라 사람들이 잘 몰랐던 방법이니, 마땅히 시험해 보아야 할 것이다. 《옹치잡지》

《本草綱目》云: "玉蜀黍米可炒折白花, 如炒折糯穀之狀." 《和漢三才圖會》云: "納篇濡, 著入熱銚內攪炒, 則粒粒脹折如梅花樣, 味脆美." 此東人之所昧也, 當試之. 同上

《성호사설(星湖僿說)》에 산자란 볶은 벼이다. 말려서 볶은 것을 오라고 하는데 찰벼를 껍질 그대로 솥에 넣어 볶으면 속에 들었던 쌀이 튀어 흩어지는 까닭에 산자라고 한다.
피식 단단한 찰나락 틈이 벌어지는가 싶더니 투둑투둑 우박 내리는 소리가 난다. 당돌한 껍질과 목화송이 같은 흰 쌀꽃이 사방으로 튄다. 마술사가 만든 토끼들이 부지런히 사방으로 튀어나와 달아나는 것 같다. 아니 매화 꽃망울이 터지는 순간 정신을 차릴 수가 없다. 작은 꽃송이는 정확하게 껍질을 던지고 꽃받침에 네 개의 꽃잎이 균형 맞춰 피어올랐다. 매화산자는 아름답기 그지없다. 산자 위에 밥풀꽃이 피어오른다.

찰나락의 사각거리는 느낌과 수염, 볏짚에서 손끝에 전해 오는 느낌이 오묘하다. 벼는 가볍지만 견고하고 유쾌한 옷을 입고 있다.

찰나락은 미리 술을 뿌려두어 적신 후 달군 쇠쟁개비에 넣고 볶아준다. 튀기 시작하면 사방으로 흩어지지 않도록 채반으로 위를 막아준다. 중간에 저어 줘야 빠짐없이 잘 튀겨진다. 튀긴 후에는 굵은체에 내려 껍질은 버리고 고운 튀밥을 고른다.

《와한삼새노회》에 "옥수수를 붕구비에 넣고 불에 석신 다음 쟁개비 안에 넣고 저으면서 볶으면 알알이 매화 모양으로 부풀면서 터지며 맛이 연하고 좋다."라고 했는데 노랗고 붉은 옥수수알이 섞인 토종 얼룩말을 물에 적셔두었다가 볶아보니 무쇠 쟁개비 안에서 톡톡 소리가 나면서 하얗게 꽃처럼 벌어진다. 온도 조절이 중요한데 처음부터 센 불로 볶거나 하면 까맣게 타기 때문에 주의해야 한다. 약불로 놓고 고루 저어가며 껍질이 잘 터지도록 해준다. 만개하지 못한 꽃송이들은 모아두었다가 옥수수차를 끓여 먹거나 고소한 맛이 나 심심할 때 먹는 주전부리로 그만이다. 물에 적시지 않았을 때보다 훨씬 고소하고 꽃잎이 더 잘 벌어진다. 껍질이 물을 먹어 더 유연해지고 물기가 날아가면서 안에 알갱이가 소란스럽게 터져 나온다.

강반 만들기

1. 자색밥: 찹쌀 500g을 깨끗이 씻어 소주 탄 물에 충분히 불린다. 이때 자색이 돋는 아로니아가루, 맨드라미 등을 타서 같이 물들인다. 밥을 되직하게 짓고 찬물에 밥알을 헹궈낸다. 물기를 빼고 가루를 더 넣어 버무려 색을 들인다. 밥알을 완전하게 바싹 말린다.
2. 두록색밥: 당귀 가루나 새싹 보릿가루 등 녹색 가루를 푼 소주 탄 물에 쌀을 깨끗이 씻어 담궈 불린다. 밥을 되게 해서 마찬가지로 색을 들여 말린다.
3. 노란색밥: 강황이나 송홧가루를 활용한다.

눈송이 같은
식감의 비밀

산자의 바탕을 만드는 과정은 결코
쉽지 않다. 찹쌀을 2주간 불려 골마
지가 끼도록 삭힌다. 삭힌 쌀은 손
가락으로 가볍게만 문질러도 으깨져
버린다. 이 정도까지 되어야 잘 삭은
것이다. 찹쌀을 삭히는 과정은 가장
중요한 부분이다. 유과가 발효를 통
해 만들어지는 특별한 과자라는 점을
규정지어준다. 물에 조심스럽게 여러
번 씻어서 냄새가 완전히 빠지도록

한다. 으깨진 가루는 빠져나가기 쉬우므로 물을 세게 틀어 놓으면 안 된다.
품종에 따라 냄새가 나는 경우 찬물에 담갔다가 여러 번 헹궈야 한다.

가루를 빻으러 간 방앗간에서 할머
니 한 분이 "찹쌀을 골켜 가지고 왔
구면. 조금 냄새나는 것은 찌면서
다 빠져.", "지금은 힘들어서 못 해
먹어도 옛날에는 가족들 먹이려고
집에서 다 해 먹었지."라고 말씀하신
다. "골킨 과자" 정말 재미있는 표현
이다.

홍어도 일부러 골켜서 먹는 민족 아
닌가? 음식도 사람도 곰삭아야 제

맛이 나고 시퍼런 애송이가 제아무리 어른인 척 무게를 잡아도 어찌 세월의
곰삭은 맛을 흉내낼 수 있겠는가. 이렇게 그저 내버려 두고 썩퀴 만든 발효
과자가 바로 유과다.

계란 흰자로 거품을 내거나 노른자
를 써서 일으키는 서양과자와 달리
아밀로펙틴이 대부분인 찹쌀의 점성
을 극복하고 눈처럼 일으켜 녹여 먹
는 과자를 만든 선조들의 지혜가 새
삼 놀랍다. 떡이 전분을 다져 뭉친
느낌이라면 같은 전분인데도 눈송이
처럼 조직을 일으키는 기술은 하루
아침에 이루어지지 않았을 것이다.
물기를 빼고 빻은 가루를 체에 친 후

막걸리를 넣고 반죽한 후 쪄서 꽈리가 일도록 충분히 쳐야 한다. 이 과정에
서 조직을 늘리며 공기를 많이 집어넣어야 나중에 산자가 잘 부푼다. 누에
고치에서 견사를 뽑듯 윤기 있는 실이 나고 꽈리가 일게 친다.

눌어붙지 않게 전분 가루를 뿌려가며 늘리고 자른다. 말리는 과정에서도
주의가 필요하다. 아기 귓불같이 탄력 있고 부드럽던 반죽이 고르게 천천히
마르도록 잘 살펴줘야 한다. 고온에서 급히 말리면 터질 수 있어 자주 뒤집
어 주며 고르게 말려준다.

색스러운 한과의 아름다움

　　한과속의 색동색은 액을 막고 장수를 염원하는 의미를 담았다. 고유의 색은 한민족이 가지고 있는 자연에 대한 풍부한 영감과 활용을 보여주는 친근한 표징이다. 전통적으로 우리 민족은 기본적으로는 무채색인 흰색을 주조로 평온하고 절제된 모습을 좋아한다. 주식인 흰쌀밥은 물론 흰모시적삼을 입고 하얀 홑이불청을 덮으며 희다못해 푸른 달빛을 사랑했다. 조선시대 후기 유숙이 1853년에 그린 수계도권(修禊圖卷)에도 시회에 모인 여항문인들의 희고 푸른 옷색깔이 눈에 띈다. 흰색은 다른 것들을 돋보이게 해주고 거기에 덧붙인 색을 정리해주는 효과가 있다.

우리 말은 유난히 색과 색감에 대한 어휘가 발달했다. 오랜만에 보는 딸의 안색을 살피며 "너 낯빛이 어둡구나", "싫은 기색도 못하고 받아가지고 왔어요.", "찰색이 좋아야 할텐데" 와 같이 얼굴의 건강을 표현하는 어휘가 눈에 띈다.

얼굴이 시푸르딩딩하다. 낯빛이 거무죽죽하다. 볼이 붉으족족하다. 피곤한지 노르딩딩하다. 등 인상파화가들처럼 색의 변화상태와 시간성과 여운까지 표현한다.

반면에 원색이나 오방색을 써서 흥이나 활력, 에너지, 귀여움, 젊음, 균형 같은 추상적인 개념을 표현했다. 여기서 파생된 중간채도의 색들을 통해서는 중후함, 고귀함, 점잖음 같은 인성이나 태도를 대변하는 색의 표현으로 활용했다.

여러가지 색을 내기 위해 주위에서 구할 수 있는 식물의 꽃이나 뿌리를 이용해 색을 내고 오색배열을 통해 벽사진경의 의미로 사용된 청홍, 적흑, 색동배색과 방위의 개념이 더해진 오방색으로 활옷, 오방장두루마기, 까치두루마기를 만들어 입었다. 남은 자투리천은 모아서 조각보를 만들때도 색조화를 염두에 두고 천연재료에서 나온 색감이 연결되도록 유념해서 이어붙였다. 색동이 일견 유치하다고 생각될 수 있지만 색의 활력과 조화속에 담긴 에너지를 통해 아이와 같은 상태로 돌아가 상을 받는 대상에게 즐거움을 주는 것이다.

오방장은 성인이 된 아들이 살아계신 부모님을 기쁘게 하기 위해 입는 특별한 옷이다. 첫돌 때 입던 복식을 어른용에도 그대로 적용한다. 줄무늬 색동은 탯줄처럼 부모와 아이를 연결시키는 상징적인 역할을 한다. 농암 이현보가 일흔살이 되었을 때 아흔이 넘은 아버지 앞에서 색동꼬

오방장 《세계복식문화사》, 퍼트리샤 리프 애너월트

까옷을 입고 덩실덩실 춤을 추었다는 이야기가 〈중종실록〉에 실려있다. 오방장두루마기를 입고 아흔이 넘은 아버지를 즐겁게 하기 위해 아이가 되어 춤을 추는 그는 효자로 이름을 알렸다.

귀여운 아기들에게는 발랄한 에너지를 담은 색동옷을 입혀 귀여움과 함께 조화롭게 성장하기를 바라는 마음을 담았다. 의복이나 여러가지 생활용품을 만들때도 음양오행에 기반해 오색과 배색의 조화미를 살렸다. 과자에도 삼색, 오색, 칠색을 내서 잔치의 흥을 돋궜다. 한과의 색은 알록달록 해서 색동의 오방색을 그대로 적용한 경우가 많다. 색은 과자를 더욱 돋보이게 하며 영양을 좋게 하면서 특히 때깔을 좋게 만든다. 색동은 비빔밥이나 신선로에서도 볼 수 있는데 올려 놓은 오방색의 고명은 아름다울 뿐만 아니라 색마다 담긴 서로 다른 영양을 고루 취할 수 있는 지혜로운 음식이다.

색동과자를 만들어 노여움이 있으면 풀고 자손들을 잘살펴달라는 마음을 담아 조상이나 신에게 올렸다. 술과 과자는 인간에게는 즐거움을 주고 신에게도 자비를 원하는 마음을 담은 전령 같은 음식이었다. 환갑이나 연로하신 부모님 앞에서 색동옷을 입고 알록달록 옷을 입고 춤추는 자식의 예나 각색당의 알록달록 화려한 모습, 상여에 달린 알록달록 종이꽃 역시 화려한 꽃장식의 색을 통해 산 자와 죽은 자의 잔치가 된다.

부모 앞에서는 귀밑머리 희끗희끗한 자식도 사회적인 지위에 상관없이 언제나 어린 아이와 같다는 생각, 노인이 되면 아이와 같아진다는 서로를 바라보는 상호 상생의 자연스런 시각은 동양적인 공경의 시각이다. 부모님 회갑연에 알록달록 한과가 올라간 이유다.

감저·갱자방

위를 편안하게 해주는 뿌리채소 산자

감저자(甘藷子, 고구마산자)·**갱자**(粳子, 멥쌀산자) **만들기**(감저갱자방)

찹쌀을 쌀이 시어질 때까지 물에 5~7일 동안 담근다. 이를 깨끗이 일어 볕에 말린 다음 빻아 고운 가루를 만든다. 맑게 갠 날을 골라 찹쌀가루를 생수에 넣고 섞어서 술잔 주둥이 크기만 한 둥근 덩이를 만든다. 바로 고구마를 닦고 껍질을 벗긴 다음 깨끗이 씻는다. 이를 모랫돌 위에서 서서히 갈아 장(漿, 과즙)을 만들어 둔다. 이때 매우 곱게 갈되 물을 넣지 말아야 한다.

둥근 찹쌀덩이를 푹 삶고 건져서 단지 속에 넣는다. 이를 나무막대기로 있는 힘을 다하여 저으면서 죽으로 만든다. 열기가 대략 손을 넣을 수 있을 때까지 적당히 식으면 고구마 갈아놓은 장을 부어 넣는다. 찹쌀가루 30승마다 고구마 갈아놓은 장 1근을 넣고 저어서 매우 고르게 한다.

먼저 마른 밀가루를 평평한 밀판 위에 체로 쳐 둔다. 다음으로 찹쌀과 고구마죽 덩이를 가루 위에 올린다. 또 마른 가루를 반죽 위에 뿌리면서 반죽을 얇게 민 다음 볕에 반쯤 말린다. 이를 주사위 모양으로 썰고 볕에 바싹 말려 저장해 둔다.

쓸 때는 뭉근한 불로 노구솥에 불을 지펴 솥을 뜨겁게 한다. 이어서 말린 반죽 0.2승 정도를 넣고 뭉근한 불로 아주 잠깐 볶으면 점점 부드러워지고 점점 부풀면서 둥근 공 모양이 된다. 다음으로 백설탕과 참깨를 넣거나 다시 향료를 더하여 고루 볶아준다. 이것이 식으면 매우 가볍고 부드럽다.

멥쌀 2승마다 고구마장 10승을 넣고 볶아서 산자를 만들 수도 있다. 우장(芋漿, 토란즙)이나 산약장(山藥漿, 마즙)을 넣고서도 만들 수 있다.《군방보》

甘藷、粳子方

將糯米水浸五七日, 以米酸爲度, 淘淨曬乾, 擣成細粉. 看晴天, 將糯粉入生水, 和作團子如杯口大, 卽將諸根拭去皮洗淨, 沙石上徐徐磨作漿, 要極細勿攬水.

將糯團煮熟, 撈入瓶中, 用木杖盡力攪作糜. 候冷熱得所, 大約以可入手爲度, 將諸漿傾入, 每糯粉三斗, 入諸漿一斤攪極均.

先將乾小粉篩平板上, 次將糜置粉上. 又著乾粉, 捍薄曬半乾, 切如骰子樣, 曬極乾收藏.

用時, 慢火燒鍋令熱, 下二合許, 慢火炒少刻, 漸軟漸發, 成團毬子. 次下白糖·芝麻, 或更加香料炒均, 候冷極浮脆.

每粳二升, 可炒一斗. 芋漿、山藥漿亦可作.《群芳譜》

재료: 바탕– 찹쌀 200g, 생수 50g, 고구마즙 6g

덧가루–밀가루 40g, 멥쌀 200g,

고구마즙 135g(산약즙 141g, 토란즙 159g), 집청

고물–백설탕 40g, 참깨 20g, 향료(건생강 12g)

만드는 법

1 찹쌀을 쌀이 시어질 때까지 물에 5~7일 동안 담근다. 이를 깨끗이
   일어 볕에 말린 다음 빻아 고운 가루로 만든다.
   tip. 25도에서 2~3주 발효시켜 골마지가 끼면 깨끗이 씻고 1~2일 물에 담가 냄새를 완
   전히 뺀다.

2 맑게 갠 날을 골라 찹쌀가루를 고운체에 내린 다음 생수를 치고
   고루 섞어서 술잔 주둥이 크기만 한 둥근 덩이를 만든다. 바로
   고구마를 닦고 껍질을 벗긴 다음 깨끗이 씻는다.

3 이를 모랫돌 위에서 서서히 갈아 장(과즙)을 만들어 둔다.
   이때 매우 곱게 갈되 물을 넣지 말아야 한다.

4 둥근 찹쌀 덩이를 푹 삶고 건져서 단지 속에 넣는다.
   이를 나무막대기로 있는 힘을 다하여 저으면서 죽으로 만든다.
   열기에 대략 손을 넣을 수 있을 때까지 적당히 식으면 고구마 갈아
   놓은 장을 부어 넣는다.

5 찹쌀가루에 고구마 갈아 놓은 장을 넣고 저어서 고르게 섞는다.

6 먼저 마른 밀가루를 평평한 밀판 위에 체로 쳐 둔다. 찹쌀과
   고구마죽 덩이를 가루 위에 올린다. 또 마른 가루를 반죽 위에
   뿌리고 반죽을 얇게 민 다음 볕에 반쯤 말린다. 이를 주사위
   모양으로 썰고 볕에 바짝 말려 저장해 둔다. 크기는 2×2cm,
   4×4cm 두 가지 크기로 자른다.

7 쓸 때는 뭉근한 불로 노구솥에 불을 지펴 솥을 뜨겁게 한 뒤 이어서
   말린 반죽 0.2승 정도를 넣고 뭉근한 불로 아주 잠깐 볶으면 점점
   부드러워지고 점점 부풀면서 둥근 공 모양이 된다. 다음으로
   백설탕과 참깨를 넣거나 다시 향료를 더하여 고루 볶아준다. 이것이
   식으면 매우 가볍고 부드럽다.

8 멥쌀 2승마다 고구마장 10승을 넣고 볶아서 산자를 만들 수도
   있다. 우장(토란즙)이나 산약장(마즙)을 넣고서도 만들 수 있다.

   tip. 찹쌀 덩이를 구멍 떡 형태로 만들어 삶는다. 꽈리가 일 정도로 섞는데 식을 때까지
   하고 고구마즙을 치고 고루 섞는다. 토란은 물에 담갔다가 소금물에 데쳐서 아린 맛을
   빼고 사용하면 좋다. 반죽이 질 경우에는 바로 자르지 말고 위의 방법대로 솥을 때까지
   기다렸다가 썰면 자르기 편하다.

고구마 산자는 〈정조지〉 속에서 볼 수 있는 특색 있는 산자다. 고구마를 보급하기 위해 《종저보(種藷譜)》를 쓸 만큼 고구마에 대한 애정이 남달랐던 서유구 선생의 안목이 돋보인다. 고구마는 술, 고추장, 밥을 짓는 데 쓰이고 산자 만드는 데도 쓰일 수 있다는 사실을 보여준다. 고구마가 들어가면 귀한 쌀을 절약할 수도 있고 음식의 양을 늘려주며 자체 수분을 이용해 반죽하기 때문에 풍미도 좋아진다. 알칼리성 식품인 고구마즙이나 토란즙, 산마즙 등 뿌리채소가 들어가 영양학적으로 조화를 이룬다.

멥쌀을 활용한 산자는 고구마, 산마와 토란이 특유의 점성 성분이 있어 찹쌀의 아밀로펙틴 성분을 대체해준다. 토란 반죽은 끈끈하지만 오래 쳐주어야 실과 꽈리가 형성되고 산마즙을 넣은 반죽은 포근포근한 질감인데 삶아서 조금만 쳐주어도 실이 형성된다.

고구마에는 얄라핀이라는 점성 물질이 들어 있어 변비를 예방한다. 공기 중 변색의 원인 물질이다. 베타카로틴이 풍부하고 펙틴도 들어 있어 항산화 작용이 뛰어나다.

마는 전분 분해효소인 디아스타아제, 아밀라아제가 포함되어 있어 소화가 잘되게 해준다. 특히 뮤신은 점액질 성분으로 위를 보호해주고 마는 뿌리식물 중 단백질 함량이 높은 편이다. 마와 쌀은 같이 밥을 해 먹거나 죽을 끓여 먹어도 좋은 궁합이 빼어난 조합이다. 토란은 뮤신 성분이 있어 변비 예방은 물론 소화를 촉진시킨다.

멥쌀은 향곡이라는 중생종 메벼를 사용했다. 메벼지만 점성이 있어 산자 바탕을 만드는 데 사용했다. 쌀알이 윤기가 있고 크며 향곡(香曲)이라는 이름처럼 밥알에서 향기가 느껴져 막걸리, 떡 등 쌀 가공식품에 활용 가능하다. 〈본리지(本利志)〉에도 향갱, 향자, 백향도 등 향기로운 벼에 대한 기록을 볼 수 있다.

찹쌀 고구마 산자는 갈색이 쉽게 나고 단맛이 느껴진다. 멥쌀 고구마 산자는 힘이 있고 단맛이 특징이다. 산마 멥쌀 산자는 섬세하고 연하게 부풀어서 바삭하기 그지없다. 매우 결이 곱고 알이 잘 찬다. 토란 멥쌀 산자는 결이 고와 치밀한 조직이 대리석처럼 부풀 뿐 포근한 느낌보다 매끈한 조직이 보인다. 알도 잘 차고 바삭하고 연하다. 곡류에 뿌리채소를 넣어 만든 이 산자들은 약이성도 뛰어나 건강에 좋은 산자다.

모래가 거칠게 박혀 있는 돌에 마를 갈아준다.

고구마, 토란, 산마 산자는 결이 곱고 소화도 잘 된다.

당비방

비자 모양의 눈 맞은 누에고치

당비(糖榧, 비자 모양 산자) **만들기**(당비방)

흰 밀가루에 술밑을 넣어 발효가 되면 끓는 물에 반죽한 다음 이를 비자(榧子) 모양으로 자른다. 펄펄 끓는 기름에 넣고 튀겨서 꺼낸 다음 설탕과 밀가루 혼합물에 넣어 옷을 입힌다. 산자에 옷을 입힐 설탕과 밀가루는 1 대 1로 섞어 만든다. 《준생팔전》

糖榧方

白麵入酵, 待發, 滾湯搜成劑, 切作榧子樣, 下十分滾油煠過, 取出, 糖麵內纏之. 其纏糖與麵對和成劑. 《遵生八牋》

재료: 흰 밀가루(박력분) 200g, 술밑(막걸리 107g),
끓는 물 2g, 기름 적당량, 설탕 80g, 밀가루 80g

만드는 법

1 흰 밀가루에 술밑을 넣어 35도에서 6시간 정도 1차 발효를 시킨다.

2 발효가 되면 질어지므로 상태를 봐가며 끓는 물을 넣고 반죽한다.

3 도마 위에 덧 밀가루를 충분히 뿌리고 반죽을 붓고 덧가루를
   뿌려가며 반죽을 0.4cm 두께로 늘려준다.

4 다시 2차 발효가 일어나도록 세로로 폭 2×3cm로 자르고 비자
   모양을 낸 후 30~40분 정도 20도 실온에 둔다.

5 밀가루는 볶고 여기에 설탕 가루를 1:1로 섞어 준비한다.

6 기름은 채종유에 참기름을 2:1 정도로 혼합해 180도로 가열한다.

7 준비해 둔 반죽의 덧가루를 털어내고 기름에 넣어 반죽을 일으킨다.

8 자주 뒤집어 주며 앞뒤로 색을 내준다.

9 고르게 색이 나면 꺼내 기름을 빼고 뜨거울 때 설탕과 밀가루
   혼합물에 넣어 옷을 입힌다.

10 습기와 열기가 빠지면 습기가 차지 않게 통에 넣어 보관한다.

tip. 처음에는 약간 되게 반죽해야 발효되면서 질기가 적당해진다.
      밀가루는 볶아서 준비한다. 반죽이 마르면 과자를 튀겼을 때 딱딱해진다. 마르지 않은
      상태에서 한번에 확 튀겨야 잘 일어나고 연하고 풍미가 있다.

비자 크기로 작게 자른 산자는 통통한 누에처럼 귀여운 모습으로 변할 것이다. 비자 모양을 기억하려 비자를 다시 꺼내자 빗속에 스스로 떨어져 촉촉이 빛나던 비자 모양이 선명하게 떠오른다. 남쪽 지방의 온후한 기후 덕에 윤기 있게 자란 비자 숲이 품은 향은 신비로움 그 자체다. 산자 모양을 비자에 빗댄 것도 이런 비자의 앙증맞은 모양과 아름다운 향 때문일 것이다.

비자 모양 산자는 찹쌀가루를 삭히는 대신 밀가루를 술밑으로 발효시키고 끓는 물을 넣어 익반죽해 일어나게 한 산자다. 2차 발효까지 시키고 나서 기름에 넣으니 거짓말처럼 납작했던 비자가 통통하게 살아나 기름 위를 떠다닌다. 애드벌룬처럼 공기가 차오르면 색을 내 건진 후 하얀 가루눈에 뒹구는 모습이 비자 나라 꼬마 병정 같아 아이들이랑 함께해보면 발효하고 부푸는 재미에 시간 가는 줄 모를 것 같다. 속에 기공이 있어 질리지도 않고 기름도 많이 먹지 않아 도리어 담백하고 발효 과자 특유의 술 향기와 풍미가 있어 소화도 잘된다.

밀가루에 술밑을 넣어 1차 발효를 시키고 끓는 물을 넣어 반죽하고 상온에서 2차 발효를 시키면 백숙병자처럼 반죽이 촉촉하면서 연하고 잘 일어나며 풍미가 있다. 삭히는 과정을 효모와 누룩의 힘을 빌렸다. 끓는 물을 쓰면 반죽이 더욱 쫄깃하면서도 부드러워진다. 백숙병자의 반죽법을 응용해 1/3씩 반죽을 따로 해서 합해 튀기는 것도 좋은 방법이다.

이스트의 활동성을 활발하게 하려면 30~38도 pH 4.5~4.9 범위에서 발효력이 최대치가 된다. 45도를 넘으면 활성이 저하되고 63도 이상에서는 사멸된다. 70도까지 온도를 떨어뜨려 반죽해 저온 숙성시키면 잘 일어난다.

약과방

◇

금지해도 몰래 만들어 먹은 그 맛

약과(藥果) 만들기(약과방) 1

【 우리나라 사람들은 참기름과 꿀로 밀가루를 반죽하여 참기름에 튀긴 것을 '약과(藥果)'라고 한다】

밀가루 10승에 벌꿀 1승, 참기름 0.8승을 넣고 손으로 재빨리 고르게 반죽한다. 이때는 오래 치대지도 말고 오래 다지지도 말아야 한다. 이는 반죽에 점성이 생겨 부드럽지 않을까 걱정해서이다. 반죽을 가볍고 가볍게 밀어 펴서 두께가 대략 0.05~0.06척이 되면 네모난 편으로 자르되, 크기는 마음대로 한다.

따로 참기름 3승을 바닥이 평평한 쇠쟁개비에 붓고 여기에 바로 약과를 넣은 다음 장작불로 튀긴다. 이때 숟가락으로 약과를 자주자주 뒤집어주어서 쟁개비 바닥에 눌어붙어 타지 않도록 한다. 튀기다가 약과가 저절로 기름 위에 뜨면 익은 것이다.

약과를 꺼내서 깨끗한 그릇에 두고 꿀 3승으로 잰다【꿀은 먼저 졸여 두어야 한다】. 꿀이 약과에 다 스며들면 약과를 평평한 소반 위에 내어 둔 다음 바람에 식혀 저장한다.

藥果方 1

【案】東人謂油、蜜溲麵而油煎者, 爲"藥果"】

眞麵一斗, 用蜂蜜一升、麻油八合, 急手搜均. 勿久打久築, 恐膠生不軟. 須輕輕捍開, 略厚五六分, 切作方片, 大小隨意.

另用麻油三升注平底鐵銚中, 旋下藥果, 以柴火煮之. 以匙頻頻翻轉, 令不貼銚底焦了. 煎至藥果自浮油面則熟矣.

取出置淨器, 以蜜三升漬之【蜜須先煉過】. 待蜜盡透入, 出置平盤上, 風冷收貯.

tip. 약과는 처음에는 110도 정도의 온도에서 튀기다가 나중에 150도 정도의 온도로 올려서 튀긴다. 저온에서는 켜를 살리고 고온에서는 색을 내면서 바삭함을 만들어준다. 기름기를 싫어하면 기름을 빼고 집청한다. 집청액은 타지 않게 주의한다. 결정화되지 않게 150도가 넘지 않도록 잘 살피고 다 졸인 후 그냥 꿀을 2큰술 정도 넣어 촉촉하게 한다.

재료: 중력분 200g, 꿀 50g, 참기름 36g, 물 33g, 소금 2g
튀김용: 참기름 적당량
집청용: 꿀 220g, 물 220g

만드는 법

1 밀가루에 벌꿀의 반, 참기름, 빻은 소금을 넣고 손으로 재빨리
  고르게 섞는다.

2 체에 비빈 가루를 내린다. 여기에 남은 꿀물을 섞어 반죽한다.
  이때는 오래 치대지도 말고 오래 다지지도 말아야 한다. 반죽에
  점성이 생겨 부드럽지 않을 수 있다.

3 반죽을 가볍게 밀어 펴서 두께가 대략 1.5~1.8cm가 되면 네모난
  편으로 자르되 크기는 마음대로 한다.

4 집청용 꿀을 먼저 젓지 말고 졸여 둔다.

5 따로 참기름을 바닥이 평평한 쇠쟁개비에 붓고 약과를 넣은 다음
  튀긴다.

6 이때 숟가락으로 약과를 자주자주 뒤집어 주어 쟁개비 바닥에
  눌어붙어 타지 않도록 한다. 튀기다가 약과가 저절로 기름 위에 뜨면
  익은 것이다. 약과를 꺼내어 깨끗한 그릇에 두고 졸인 꿀로 잰다.

7 꿀이 약과에 다 스며들면 약과를 평평한 소반 위에 내어 둔 다음
  바람에 식혀 저장한다.

  tip. 집청용 꿀은 물을 넣어 젓지 말고 끓여 둔다. 약과가 부풀지 않고 속까지 잘 익도록
  가운데에 칼집을 넣어준다.

tip. 물 대신 소주로 반죽하면 약과가 더 연하고 단맛이 난다 원전에는 참기름으로만 되어있
     지만 여기서는 편의에 따라 참기름에 맑은 식용유를 섞어서 썼다.

약과에 밴 참기름 향과 촉촉하게 스민 꿀맛을 거부할 사람은 많지 않았을 것이다. 코와 입에 나비가 날아온 듯 감미로운 유밀과를 한입 베어 물고 차 한 잔 마시면 그걸로 족했을 것이다. "그만하면 됐다." 대접받는 사람의 마음에 흡족함을 줬다.

빙허각 이씨는 《규합총서》에서 "유밀과를 약과라 하는 것은 밀은 사시정기 (四時精氣)이고 꿀은 온갖 약의 으뜸이며 기름은 벌레를 죽이고 해독하기 때문이다." 라고 했다. 유밀과가 단순한 과자가 아니라 주된 재료인 참기름과 꿀의 약성에 주목했다. 꿀은 기력을 보해주고 기름은 삼투압의 원리를 이용해 세균과 독성을 없애주는 효과가 있다. 오일 풀링(Oil Pulling)의 원리이기도 하다. 가장 호사스러운 과자이면서 약성도 빼어난 과자로 여겼다. 참기름에는 기름의 산패를 막아주는 리그난, 감마 토코페롤 같은 항산화 성분이 있다. 다만 참기름은 발연점이 170도로 낮아 약과를 천천히 튀기는 데 맞다. 고온 요리에는 적합하지 않다.

약과는 밀가루에 참기름과 꿀을 넣고 반죽해 기름에 튀긴 후 집청한 유밀과다. 약과는 글루텐의 형성을 막아 연한 층을 만들고 그 사이로 꿀물이 스며들게 해 두고 먹는 과자다. 약과를 반죽할 때는 지나치게 주무르거나 하지 않아야 반죽이 질겨지지 않는다. 참기름과 꿀은 글루텐 형성을 막는 역할을 한다. 그런데 지나치게 넣으면 기름에 튀길 때 반죽이 풀어질 수 있다. 약과는 만들었을 때 반죽이 익으면서 터짐이 있을수록 연약과처럼 연하고 맛있다.

한과를 금하다···.

고려시대, 조선의 영조···. 사치스런 과자
쌀과 꿀·기름을 낭비하다.

실과 과(果) 자 위에 풀초머리(艹)가 붙어있는 과자 과(菓) 자가 당과류, 과줄의 과자다. 과일을 그대로 상위에 올리다가 과자가 나지 않는 계절에는 과실모양으로 조과를 만들어 올렸다. 여러가지 당과류 중에 으뜸은 유밀과를 꼽는다. 유밀과는 기름과 꿀이 들어간 과자로 약과, 조과로도 불린다. 약과는 꿀이 들어가고 조과는 꿀과 밀가루로 빚은 과일 모양을 만들었다는 의미다.

유밀과는 약과와 만두과가 있고 유과에는 강정이 있는데 약과는 영양가가 높고 향도 좋아 유밀과중 으뜸으로 꼽힌다. 강정은 삭힌 찹쌀을 가루내 모양을 내서 기름에 튀겨 조청을 바르고 산자를 붙인 과자다. 《명물기략(名物紀略)》에 유밀과는 밀가루와 꿀로 실제 과일 모양을 빚어 기름에 지져내는 가과에서 유래했다고 한다. 고려시대에는 팔관회, 연등회 같은 불교행사나 크고 작은 왕실연회에는 유밀과가 반드시 올라갔다. 이로 인해 들어가는 쌀과 기름, 꿀의 양이 엄청나서 나라에서 1192년에는 유밀과 대신 열매를 쓰고 1353년에는 유밀과 사용을 금지하기에 이르렀다.

워낙 입에서 살살 녹는 맛때문인지 금지에도 아랑곳없이 유밀과는 나라안은 물론 외국에까지 명성을 떨쳤다. 1296년 충렬왕이 데려간 상궁들이 원나라에 가서 차린 연회상에 유밀과를 올렸는데 맛을 본 원나라사람들이 놀라며 '고려병'이라 불렀다고 한다.

낭비가 심해 금해졌던 고려시대에 비해 조선시대에는 유밀과를 불교의 풍속으로 보고 일체의 행사에서 쓰지 못하도록 금지시켰다. 그러나 가난한 집에서도 유밀과를 만들어 먹는정도였으니 《대전회통(大典會通)》을 통해 환갑, 혼인, 제사 때만은 유밀과를 만들어 쓰도록 허용했다.

《영조실록(英祖實錄)》의 기록에도 "한과는 쓸데없는 비용이 많이 드는데다 몹시 정하지 못하다…. 이 뒤에는 모든 제사에 있어서 한과라고 이름한 것은 한결같이 모조리 없애 인삼정과와 같은 등속들도 또한 감제(減除)해 이를 영원히 정식(定式)으로 삼으라."라고 한다.

한과는 그만큼 귀한 쌀과 기름, 꿀이 들어가는 사치스런 음식으로 규정되기도 했다. 술, 쇠고기만큼이나 나라가 욕망을 통제해 낭비를 금하려 했던 음식이었다.

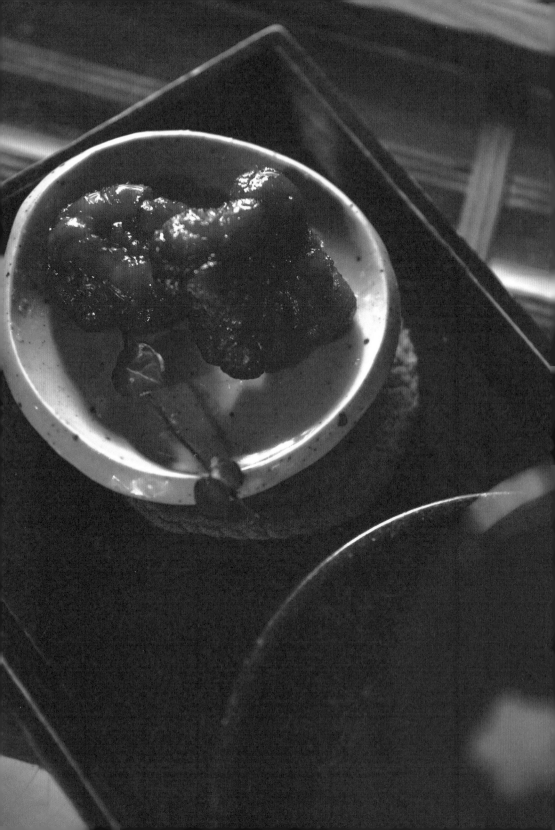

수원부약과

깔끔함과 고소함을 더한 약과

약과(藥果) 만들기(약과방) 2

반죽할 때 잣가루 0.5승, 후춧가루 0.1승, 계핏가루 0.03승를 넣으면 더욱 좋다. 또 볶은 참깨 0.2승을 더하기도 한다. 이는 수원부(水原府)에서 약과를 튀기는 법이다. 《증보산림경제》

藥果方 2

搜劑時, 入海松子屑五合、胡椒屑一合、桂屑三勺則尤佳. 或又加炒芝麻二合, 此水原府煎藥果法也.《增補山林經濟》

재료: 중력분 200g, 꿀 50g, 참기름 36g, 물 33g,
소금 2g, 잣가루 10g, 후춧가루 2g, 계핏가루 0.6g, 볶은 참깨 4g
튀김용: 참기름 적당량
집청용: 꿀 220g, 물 220g

만드는 법

1 밀가루에 벌꿀의 반, 참기름, 빻은 소금을 넣고 손으로 재빨리
  고르게 섞는다.

2 체에 비빈 가루를 내린다. 여기에 남은 꿀물을 섞어 반죽한다.
  이때는 오래 치대지도 말고 오래 다지지도 말아야 한다. 반죽에
  점성이 생기면 부드럽지 않다.

3 반죽을 가볍게 밀어 펴서 두께가 대략 1.5~1.8cm가 되면 네모난
  편으로 자르되 크기는 마음대로 한다.

4 집청용 꿀을 먼저 젓지 말고 졸여 둔다.

5 따로 참기름을 바닥이 평평한 쇠쟁개비에 붓고 약과를 넣은 다음
  튀긴다. 이때 깨나 잣이 들어 있어 빨리 색이 나고 탈 수 있으므로
  위의 약과보다 온도를 조금 낮게 130도에서 튀긴다.

6 이때 숟가락으로 약과를 자주자주 뒤집어 주어 쟁개비 바닥에
  눌어붙어 타지 않도록 한다. 튀기다가 약과가 저절로 기름 위에 뜨면
  익은 것이다. 약과를 꺼내어 깨끗한 그릇에 두고 꿀로 잰다.

7 꿀이 약과에 다 스며들면 약과를 평평한 소반 위에 내어 둔 다음
  바람에 식혀 저장한다.

8 반죽할 때 잣가루, 후춧가루, 계핏가루를 넣으면 더욱 좋다.
  또 볶은 참깨를 더하기도 한다. 이는 수원부에서 약과를 튀기는
  법이다.

tip. 깨부터 차례대로 갈아 체에 걸러 넣는다. 튀긴 다음 바로 집청액에 담그면 속까지 빠르
게 스며든다. 원전에는 참기름으로만 되어있지만 여기서는 편의에 따라 참기름에 맑은
식용유를 섞어서 썼다.

화성능행도 8폭 병풍
혜경궁 홍씨 회갑연

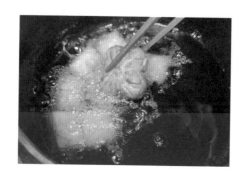

조선 후기에 수도 방위를 위해 한성부 주변에 행정적으로나 군사적으로 중요한 지역에 유수부라는 특수 행정 체계를 운영한다. 1793년 정조 17년 수원부는 개성 유수나 강화 유수보다 한 등급 높은 정 2품 유수가 임명되는 유수부로 승격되어 유수 2인(1인은 경기 관찰사 겸임), 판관 1인, 검률 1인이 소속되었다. 1796년 수원성을 축조하고 국왕이 행차할 때 어가(御駕)를 호위하게 하는 등 왕권 강화를 위해 도성 중심의 내영(內營)과 수원 중심의 외영(外營)으로 구성된 장용영(壯勇營)을 창설한다.

1795년은 정조의 어머니인 혜경궁 홍씨가 회갑을 맞이하는 해로 정조는 아버지 사도세자의 묘소인 현륭원을 참배하고 어머니를 위해 성대한 회갑연을 연다. 8일간의 행차를 정리한 것이《원행을묘정리의궤》이다.

정조의 효심과 백성들을 사랑하는 마음, 인재 등용, 군사력 강화를 통해 근대 국가로 연착륙하려는 시도 등 정조의 꿈이 서린 수원부는 순조 2년 1802년 폐지된다.

약과에 꿀 대신 조청을 쓰면 보통의 약과가 되듯 수원부 약과는 약과 반죽에 귀한 잣과 볶은 참깨, 향이 좋은 후추와 계핏가루까지 더 넣었으니 일반 약과보다 공을 더 들인 셈이다. 약과가 달고 무거운 맛이라고 느끼는 사람은 수원부에서 하는 방식대로 약과를 해본다. 후춧가루, 계핏가루, 볶은 깨, 잣가루를 함께 갈아서 넣으면 후추와 계피가 기름 냄새를 없애주고 보관하는 동안 기름의 산패를 지연시켜준다. 깨와 잣가루가 들어가 고소한 맛이 배가된다. 생강즙이나 청주가 들어가지 않아도 매우 향기롭고 매운맛이 나며 약과가 연해진다. 약과의 단점인 무거운 맛은 덜어주고 식물성 유지의 영양을 취할 수 있다.

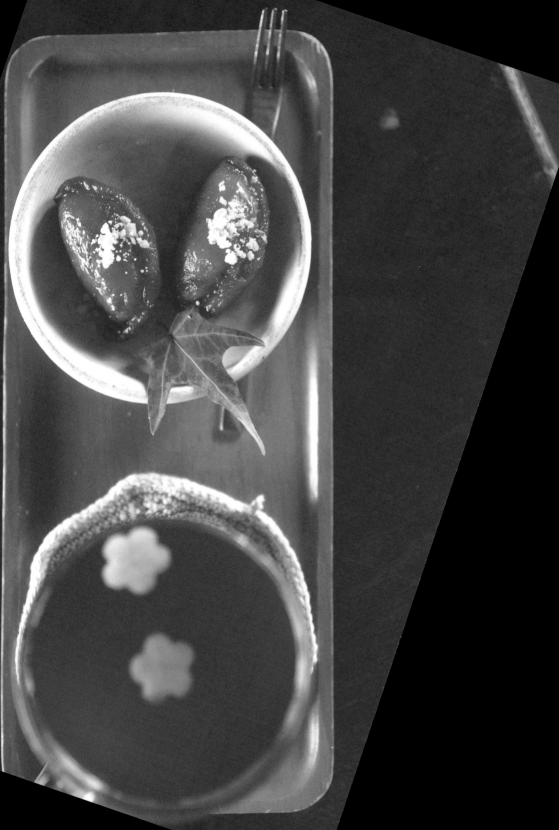

만두과

한 올 한 올 휘감치듯 꼭 여민 복주머니

약과(藥果) 만들기(약과방) 3

또 약과를 만들고 남은 반죽을 손으로 주물러 송편 모양을 만든 뒤
붉은 대추·곶감을 빻고 이것으로 소를 만들어 넣은 음식이 있다.
이를 '만두과(饅頭果)'라 부른다. 잣가루를 그 위에 뿌린다.

藥果方 3

又有以藥果之餘劑, 手捻作松餠樣, 以紅棗·乾枾擣作餡者 名"饅
頭果", 用海松子屑糝其上.

재료: 중력분 200g, 꿀 50g, 참기름 36g, 물 34g, 소금 2g
소-대추 10알, 곶감 3개
튀김용: 참기름 적당량
집청용: 꿀 220g, 물 220g

만드는 법

1 밀가루에 벌꿀의 반, 참기름, 빻은 소금을 넣고 손으로 재빨리
   고르게 섞는다.

2 체에 비빈 가루를 내린다. 여기에 남은 꿀물을 섞어 반죽한다.
   이때는 오래 치대지도 말고 오래 다지지도 말아야 한다. 반죽에
   점성이 생기면 살이 딱딱해진다.

3 반죽의 상태를 봐가며 약과 반죽을 기본으로 조금 더 촉촉하게
   반죽한다.

4 곶감은 씨와 가운데 심을 빼내고 잘게 다진다. 대추는 씨를 빼고
   곱게 다진다. 대추와 곶감을 합해서 찧고 손으로 대추씨만 하게
   빚어 소를 준비한다.

5 집청용 꿀을 먼저 젓지 말고 졸여 둔다.

6 약과 반죽을 떼어 송편처럼 소를 넣고 빚은 후 가장자리를 여미고
   틀어서 주름을 꼬듯이 잡아준다.

7 따로 참기름을 바닥이 평평한 쇠쟁개비에 붓고 130~140 정도에서
   약과를 튀긴다.

8 이때 숟가락으로 약과를 자주자주 뒤집어 주어 쟁개비 바닥에
   눌어붙어 타지 않도록 한다. 튀기다가 약과가 저절로 기름 위에 뜨면
   익은 것이다. 약과를 꺼내어 깨끗한 그릇에 두고 꿀에 잰다.

9 꿀이 약과에 다 스며들면 약과를 평평한 소반 위에 내어 둔 다음
   바람에 식혀 잣가루를 뿌려 먹는다.

tip. 손끝에 살짝 물을 묻히고 습기를 조절해가며 만두과를 붙여 나간다. 물이 많으면 자칫
끄인이 터게지고 디면 맛이핃 ㅏ 있이 T의힌띠. 민ㅜㅍ키 디ㅉ시 낪새 기름을 ㎞ㄸㅆ이
가며 중간중간 색을 조절한다.

만두과는 조급한 마음으로는 절대 예쁘게 만들어지지 않는다. 언젠가 유행했던 한 땀 한 땀 장인의 손길이 가서 만들었다는 표현이 인상적인 드라마의 대사가 떠오른다. 까다로운 천을 잘라 깨끼 바느질하듯 만두과를 빚을 요량을 해서 모양을 잘 잡아야 한다. 반죽을 떼어 가장자리를 미리 얇게 매만지며 그릇 모양을 만든다. 소도 대추씨 모양으로 갸름하게 빚어 넣고 입술 부분을 마주보게 붙인다. 만두과의 가장자리를 여밀 때 비틀듯이 안으로 말아 밀어 넣는다. 참기름이 들어가 반죽이 붙지 않기 때문에 천을 꿰매듯 연결한다. 주머니 입구를 말아서 붙이고 바느질하듯 나가다 보면 자연스럽게 예쁜 꼬임이 생긴다. 가늘고 미려한 모습이 마치 1950~60년대 손에 드는 클러치백의 입구처럼 야무지다.

약과보다 대추와 곶감을 찧은 소가 들어가고 주름잡기도 힘든 데다 다 만들어 집청한 후 잣가루까지 뿌리니 이만저만 고급 과자가 아니다. 만두과는 작게 빚어서 의례상에 약과로 높게 쌓은 후 맨 위에 웃기로 사용할 정도로 장식성이 강한 아름다운 한과다.

선물용 찬합에 다른 한과와 함께 담아 보낸다면 먹는 내내 보낸 사람의 정성에 고마움을 느낄 것이다.

tip. 원전에는 참기름으로만 되어있지만 여기서는 편의에 따라 참기름에 맑은 식용유를 섞어서 썼다.

참고 《시의전서》이 만두과는 반죽에 생강즙과 수주를 넣어 반죽을 다루기 쉽게 했고 집청용 꿀에도 생강즙, 계핏가루, 후춧가루를 더했다.

다식과

꼭꼭 눌러 소망을 담은 약과

약과(藥果) 만들기(약과방) 4

안 또 약과 반죽을 목권(木圈, 나무다식판) 안에 넣고 찍어서 꽃잎 모양을 만든 다음, 이를 기름에 튀겼다가 꿀에 담그기는 위의 방법과 같이 한 것이 있다. 이를 '다식과(茶食果)'라 부른다.

藥果方 4

案 又有以藥果之劑, 入木圈內, 摸印作花瓣狀, 油煎蜜漬, 如上法者, 名"茶食果".

재료: 중력분 200g, 꿀 50g, 참기름 36g, 물 33g, 소금 2g
튀김용: 참기름 적당량
집청용: 꿀 220g, 물 220g

만드는 법

1 밀가루에 벌꿀의 반, 참기름, 빻은 소금을 넣고 손으로 재빨리 고르게 섞는다.

2 체에 비빈 가루를 내린다. 여기에 남은 꿀물을 섞어 반죽한다. 이때는 오래 치대지도 말고 오래 다지지도 말아야 한다. 이는 반죽에 점성이 생겨 부드럽지 않을까 걱정해서이다.

3 반죽을 나무다식판에 떼어 넣고 꼭꼭 눌러서 모양이 찍히도록 누른 후 빼낸다.

4 집청용 꿀을 먼저 젓지 말고 졸여 둔다.

5 따로 참기름을 바닥이 평평한 쇠쟁개비에 붓고 약과를 넣은 다음 튀긴다.

6 이때 숟가락으로 약과를 자주자주 뒤집어 주어 쟁개비 바닥에 눌어붙어 타지 않도록 한다. 튀기다가 약과가 저절로 기름 위에 뜨면 익은 것이다. 약과를 꺼내어 깨끗한 그릇에 두고 꿀로 잰다.

7 꿀이 약과에 다 스며들면 약과를 평평한 소반 위에 내어 둔 다음 바람에 식혀 저장한다.

tip. 다식틀은 무늬가 깊고 선명하게 파진 것을 골라 사용한다. 다식틀에 따라 분리가 잘되도록 마른 가루를 뿌린다. 원전에는 참기름으로만 되어있지만 여기서는 편의에 따라 참기름에 맑은 식용유를 섞어서 썼다.

다식과는 약과 반죽을 활용해 다식틀에 찍어 모양을 낸 약과다. 약과 반죽을 밀어서 잘라 쓰고 자투리가 남으면 다시 모아 뭉쳐서 알뜰하게 사용하면 된다. 틀에 넣고 눌러 다지기 때문에 입에 사르르 녹는 연한 맛도 있지만 씹는 맛도 좋다.

다식과는 개별 포장이 쉽고 모양도 예뻐 누구나 좋아한다. 가지고 다니다가 입이 심심할 때 먹기도 편하고 차와 함께 내기에도 좋다. 칼로리가 걱정된다면 미리 참기름과 섞은 밀가루를 볶았다가 달인 꿀물에 반죽해 다식틀에 찍은 후 흑당물에 집청하는 전단병(全丹餅)을 권한다. 모양이 곱게 나오려면 다식틀이 중요하다. 건율다식방에 나와 있는 다식틀 만드는 법을 보면 다음과 같다. 다식틀인 목권(木圈)은 길이 1.5척에 너비 0.2~0.3척 정도가 되는 황양목을 윤이 나고 깨끗하게 손질한 후 칼로 깎아서 직경 0.1척 되는 6~7개의 홈을 만든다. 홈 바닥에는 꽃과 새, 칠보 등의 모양을 새긴다.

다식판 안에 반죽하고 남은 마른 가루를 홈 안에 뿌려 반죽이 달라붙지 않게 하고 이어서 꿀로 반죽한 덩이를 채워 넣고 손으로 꾹꾹 다져준다. 이를 도마 위에 올려놓고 뒤집어서 2~3번 정도 두드리면 낱낱이 떨어져 나온다. 단순한 다식판의 형태로 다식과는 튀기고 집청하는 과정까지 거쳐야 하기 때문에 모양이 선명하게 찍히도록 문양이 깊고 또렷하게 새겨진 것을 골라 사용하는 게 좋다. 사용한 후에는 틈새에 끼인 가루를 잘 빼내고 바로바로 닦아서 잘 관리해야 자연스럽게 윤이 나고 다식이 잘 분리된다. 다식판에 새긴 문양은 단순한 문양뿐 아니라 수복(壽福) 등 길상문(吉祥紋)을 새겨 이 것을 먹고 오래오래 수를 누리기를 바랐다. 혜경궁 홍씨(惠慶宮 洪氏, 헌경왕후(獻敬王后))가 쓴 《한중록(閑中錄)》에도 "왕세자가 세 살에 다식을 드시매 수(壽) 자, 복(福) 자 박은 것을 골라 잡수시고 8괘가 박힌 것은 따로 골라 잡숫지 않았다."라는 내용이 나온다.

중계

투박함 속에 담긴 진솔한 맛

약과(藥果) 만들기(약과방) 5

또 다른 방법이 있다. 밀가루 10승, 백밀 3승을 물에 섞고 반죽한 다음 반죽을 밀어 펴고 먹 모양으로 자른다. 이를 끓는 기름 안에 넣어 튀긴다. 색이 노릇노릇해지면 이를 꺼내서 식도록 두었다가 저장한다. 이를 '중계(中桂)'라 부른다. 중계의 뜻은 미상이다. 《증보산림경제》

藥果方 5

又有以眞麪一斗、白蜜三升, 和水溲之, 捍開切作墨錠形, 入滾油內煠之, 待色深黃. 取出放冷收貯者, 名"中桂". 中桂之義未詳. 《增補山林經濟》

재료: 중력분 100g, 박력분 100g, 꿀 60g, 물 60g, 소금 2g
튀김용 기름: 참기름 적당량

만드는 법

1 중력분과 박력분, 빻은 소금을 섞은 후 체에 내린다.

2 여기에 꿀과 물을 섞어 반죽한 다음 반죽을 밀어 편다.

3 가로 3cm, 세로 8cm, 두께 0.8cm의 먹 모양으로 자른 후 140도
   정도의 기름에 튀긴다.

4 색이 노릇노릇하게 나면 꺼내서 식힌 뒤 저장한다.

tip. 보관했다가 불에 구워 먹기도 한다. 나중에 구워 먹기 때문에 색을 고려해서 조절한다.
원전에는 참기름으로만 되어있지만 여기서는 편의에 따라 참기름에 맑은 식용유를 섞
어서 썼다.

중계는 중박계, 중배끼, 중박기라고도 불리는데 약과와 비교해 남성적인 맛과 멋이 있는 과자다. 밀가루와 꿀, 물만으로 반죽해 소박한 단맛이 잔잔한 여운을 남긴다. 표면이 투박하고 거칠게 갈라져 세월을 견뎌낸 막사발 같다. 꿀이 넘쳐나지도 기름이 지나치게 돌지도 않아 과자를 괴는 주춧돌 역할을 했다. 보관했다가 석쇠에 구워 먹어도 좋다. 모양도 단순한 먹 모양이라 화려하지 않다. 짚신짝도 기름에 튀기면 맛있다고 하물며 귀한 밀가루와 꿀을 써서 기름에 튀긴 과자니 모두 좋아했을 것이다. 중계는 겉만 누렇게 익히고 경사스러운 잔치나 다과상에는 거의 쓰지 않고 제향에만 썼다.

중계는 계수나무 '계(桂)' 자를 써서 중간 크기의 계수나무 껍질을 닮은 과자를 뜻한다. 박계류에는 크기에 따라 대, 중, 소로 나뉜다. 색깔은 참기름에 튀겨 계수나무 껍질 색이 나고 반죽에 약과와 달리 술과 참기름이 들어가지 않아 상대적으로 덜 부드럽다. 마치 나무껍질처럼 단단하고 약과처럼 집청을 하지도 않는다. 대신에 중계는 보관했다가 불에 구워 먹을 수 있다. 보관했던 중계를 구우면 속에 밴 참기름이 잔잔하게 올라오면서 식기 전에 먹으면 은은하게 고소하고 단맛이 천천히 느껴진다.

196

《영접도감의궤》에 중박계가 나오는데 밀가루와 청의 비율을 5:1로 하였고 중박계의 크기는 2.7×8.5×1.8cm 크기로 만들었다. 청나라 사신 대접용 과자로 쓰인 중박계는 크기에 따라 대·중·소가 있었고 중요한 과자로 하마연(下馬宴)과 상마연(上馬宴)의 찬품으로 올랐다. 1600년대 말엽에 쓰인 《주방문(酒方文)》의 중박계는 꿀과 물을 섞어 끓여 식힌 물로 반죽한다.

《반찬등속[饌膳繕册]》의 중박기는 밀가루를 반죽하여 엿가락만큼 길게 하여 네모지게 하고 또 기름에다 꿀을 타서 바짝 지져 내라고 되어 있다.
중박계는 약과와 비교해 집청을 하지 않아 담백하면서도 묵직한 모습과 품위가 느껴진다. 꿀이 흐르지 않아 더욱 존재감이 느껴진다.
《조선무쌍신식요리제법》에는 중백기[中桂果]는 약과 만드는 법과 꼭 같은 것인데 띄워지질 때에 조금 덜 익히고 건지는 것이니 가령 약과는 속까지 검은 빛이 나게 익히고 중백기는 겉만 노랗게 익히는 것이니 그 모양은 기름하고 모가 지도록 만들고 나중에 꿀물도 묻히지 않는다고 했다. 중백기는 두었다가 쓸 때 구워 먹는다는 〈정조지〉에 나온 법과 통한다.

쌀, 보리, 농사가 주는 축복
발효과학 한과

1박 2일 서계마을 부스개 취재기

어머니들의 손맛을 담은 한과

소양천과 고산천이 만나는 곳에 자리잡은 완주군 용진면 서계마을은 주민들 대부분이 쌀농사를 짓고 있다. 산이 멀찌감치 달아나 있어 아지랑이처럼 보이는 시선끝까지 논밭이 펼쳐져 있다. 자연스레 쌀로 만드는 한과인 부스개, 강정 같은 쌀과자가 농한기 소득사업으로 자리잡았다.

1년 묵은 찹쌀을 담그는 일부터 부스개는 시작된다. 쌀이 1년 정도는 숙성돼야 제맛이 난다. 날짜를 기록한 팻말을 꽂은채 찹쌀이 삭기까지 꼬박 1달을 기다린다. 주변 온도에 따라 삭는 시간은 다르다. 겨울에는 문을 닫고 기다려도 적어도 25일은 기다려야한다. 잘 삭은 찹쌀은 깨끗이 씻어 내고 가루로 빻은 다음에 소주를 넣고 반죽해 남아 있는 쉰내를 날려준다. 반죽한 가루를 넣고 1시간 30분 정도 쪄낸다. 떡같이 찰기 있게 잘쪄지면 모아서 기계에 넣고 15분 정도 충분히 치는 과정을 거친다. 예전에는 일일이 가족들이 먹을 한과를 손수 쳤지만 이제는 기계가 힘든 과정은 대신한다. 고르게 실이 생기도록 쳐주고 반죽을 쏟아 솔기를 기다린다. 표면이 그새 마를 수 있어 표면에 설탕 조금과 옥수수유를 발라 주면 건조를 막을 수 있다. 10년 정도 만들다 보니 생긴 지혜라고 입을 모으신다.

볕은 한가롭게
바람은 알게 모르게 드나드는
하우스 안에서 엿기름이 자라고 있다.

한편에서는 직접 농사지은 보리로 만든 엿기름을 이용해 담근 쌀의 물기
를 빼고 쪄서 함께 버무리고 걸르고 삭힌 다음 다시 한번 걸른 후 실이
날때까지 조청을 4시간 정도 곤다. 물엿이 이에 붙고 중국산이라 믿음이
안가는 반면 쌀로 고은 조청은 질리지 않고 달지 않아 부스개의 핵심맛
을 내준다.
엿기름을 기를 때도 요령이 필요한데 보리를 하루 담갔다가 3일 정도 싹
티워 아기이만큼 싹이 올라오면 훈짐이 올라오는 상태에서 엉키고 뭉친
싹을 풀어주고 한 번 헹군후 다시 물을 주고 기르면 싹이 잘자라는데 너
무 싹이 길어도 가루가 탁해지고 양도 적어져 식혜가 잘되지 않는다. 싹
이 2~3cm정도만 자란 것이 가루도 안나고 엿기름양도 많이 얻을 수 있
어 삭힘성이 좋다. 엿기름에 버무릴 때도 따듯한 물을 써야지 찬물을 써
도 끓는 물을 써도 안된다.

3시간 정도 실온에서 바탕반죽이 솔기를 기다렸다가 밀가루를 뿌리고 바탕을 쏟아 장방형의 커다란 반대기를 짓고 위에도 고루 체로 밀가루를 뿌린 후 길게 잘라 인절미지르듯이 잘라 8×8cm 정도의 장방형으로 잘라 다시 방망이로 가볍게 펴서 두께 0.8cm, 13×13cm 정도 크기가 될 때까지 고르게 누르지 말고 사방을 고루 늘려준다. 두께가 너무 얇으면 부스개가 잘 부서져 어느 정도 도톰하게 민다. 다독다독만져 고르게 펴주고 건조선반에 올려 53도 열풍에서 12시간을 꼬박말린다.
건조된 바탕은 일일이 밀가루를 털어 (밀가루가 많이 묻으면 잘 부풀지 않는다) 옥수수기름에 튀긴다. 솔로 조청을 바르고 강반을 묻힌다.

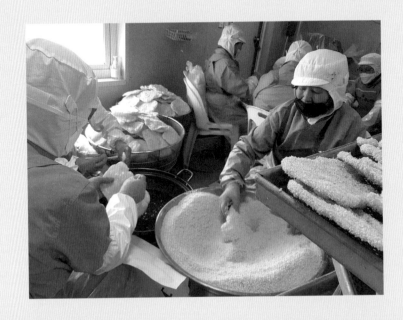

이영숙(68세) 반죽에는 소주와 콩물이 들어가요. 그래야 잘 안 부서지고 더 바삭하거든요. 찹쌀은 1년 묵은 것을 써야 속까지 잘 말라 있어 잘 부풀어요. 튀밥종류는 무조건 잘말라야 하거든요. 덜 마르면 잘 부풀지도 않고 속에 알이 꽉 안차지요. 잘 말리는게 중요해요.

이영숙 찹쌀도 찰기가 많은 품종을 써야 더 잘부풀어요. 서계마을은 직접 농사지은 쌀을 쓰니까 더 부스개가 맛이 좋다고들해요.

유추금(69세) 우리는 따로 소금간은 안해요. 소금을 넣으면 떡이 되거든요. 이건 과자니까요. 우리 과자는 남녀노소가 다 좋아해요. 주로 명절 때 많이 만드는데 예전에는 가족들이 먹으려고 조금씩 만드니까 혼자서 여러날 만들었지요. 기름이 귀해 강자갈을 구해 달구고 바탕을 놓고 돌로 덮으면 그 사이에서 바탕이 익어 크게 일어났지요. 기름지지도 않고 더 고소했던 기억이 나요. 이제는 그렇게는 못만들어도 어려서 먹던 그 맛은 기억이 나요. 강반도 직접 모래와 찰나락을 섞어 어머니가 큰 무쇠솥에 볶아 예쁜 꽃모양으로 튀겨내셨지요. 그 때는 모래가 얼마나 깨끗한지 그렇게 튀긴 튀밥은 고소하고 예쁘고 그랬어요. 지금은 음식이 다 옛날보다 맛이 없어요. 어머니는 콩부스개도 만들어주셨는데 덜 일어나기는 해도 맛이 고소하고 그랬어요. 외할머니는 노랑조를 튀긴 것을 강반으로 바르셨는데 작고 노랗고 동글동글한게 참이뻤어요.

이달막(80세) 예전에는 손님이 오시면 부스개를 잘라 담아 냈는데 부서지면 안되니까 잘 만들어야 했지요. 명절이나 애들 결혼식에 주로 했어요. 아무때나 못먹어요. 한과는 귀한 과자였어요.

이영숙 이 부스개를 만드실지 아는 분들이 이제 연세가 많으세요 70~80대가 주축이고 60대 분들도 계시지요. 농촌에서 하기 좋은 일이고 맛이 좋다고 다시 찾으시는 분들이 많아 힘은 들어도 보람을 느껴요. 조청의 건강한 단맛을 젊은이들도 좋아하는 거 같아요. 조청은 한과 뿐만 아니라 떡도 찍어 먹고 조림이나 짠지를 만드는 등 쓰임이 아주 많지요. 특히 일년 농사라는 고추장을 담글 때 조청을 물엿대신 넣으면 고급 고추장이 되지요. 고추장이 덜 달면서 고소한 깊은 뒷맛이 올라와요.

유추금 고추장을 항아리에 담가 두면 겉은 마르면서 숙성이 되는데 굳은 막을 걷고 보면 가운데 즙이 모여 있는데 담백하면서도 달고 맛이 꿀과 같이 아주 좋은데 조청을 넣고 담은 고추장에서만 이즙이 올라와요. 장은 무조건 싱거우면 버그르르 넘치는데 간이 잘맞아 넘지 않고 쫄면서 가운데 즙이 올라와 있으면 고추장이 잘 숙성된거에요. 다시 뒤적여 섞어 먹으면 됩니다. 장도 마찬가지고 메주 가운데서 검은 진이 올라오는 장이 잘 발효된거에요. 반드시 메주를 바람에 띄워 말리고 다시 따뜻한 곳에서 2차 발효를 시켜야 장을 담으면 가운데서 진이 까맣게 올라오고 그런 장이 맛이 있어요. 애간장은 까만장이 올라오면서 익어가야 맛이 있지요. 장은 짭짤해야해요. 그래야 상하지 않고 제대로 발효하죠. 결국 발효에 의해 만들어지는 조청은 고추장도 맛있게 만들어주는 고마운 존재에요

" 서계마을 부스개는 달지 않고
이에 들러붙지 않아 좋아요.
두고두고 먹어도 다시 생각나는
부드러운 단맛이 참 좋아요.
달고 기름진 과자속에서 소박하면서
바삭하고 쩐적하지 않은 맛이 너무 좋아요."

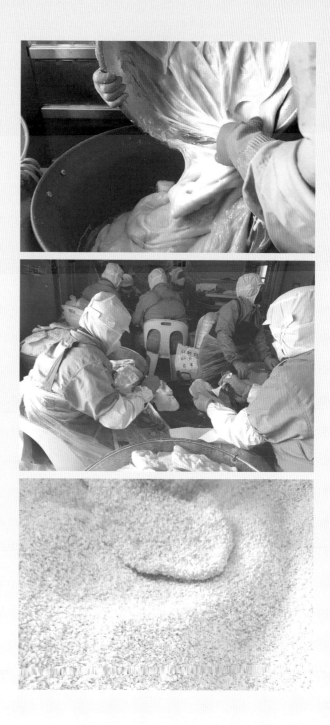

발효과자 한과는 서계마을의 자랑이 되고 서계마을의 주산물인 쌀이 맺은 아름다운 결실이 되어 한과의 제대로 된 맛을 널리 알리고 있다. 소비자들의 칭찬속에 8~9명의 어머니들은 힘을 내서 전통한과 부스개의 마무리작업을 하고 계신다.

다음날 아침 9시부터 한시간 넘게 뽀얀 밀가루먼지를 날리며 열심히 쪼그려앉아 건조기에서 70도 열풍으로 말린 산자바탕 밀가루 털기작업이 한창이다. 꼼꼼하게 털어줘야 기름에 들어가 잘 부풀고 기름도 탁해지지 않는다. 바싹 마른 산자는 나무판같다. 어제의 애기볼살은 온데간데 없고 단단한 판자로 변해있다.

털기작업 후에는 기름에 튀기는 일이 남아 있다. 유과만들기의 꽃이다. 저온의 기름에서 서서히 불어 펴지는 모습이 꽃이 활짝 피는 모습을 천천히 돌려 보는 것 같다. 할머니들이 연신 두개의 도구, 집게와 주걱을 들고 펴주고 눌러주며 부드러운 바탕의 모양을 바로잡아 준다. 들뜬 놈은 가라앉히고 덜 뜬 놈은 좋은 위치로 보내주고 마무리로 냄비가장자리에 눌러 잘 솔도록 굳혀주고 마지막으로 기름에 담가 뜨지 못하게 눌러 속까지 완전히 기름이 들어가 익도록 지긋이 눌러준다. 이런저런 정담이 오가는 사이 고단함도 잊고 산더미 같이 산자바탕이 피어오른다. 기름을 빼고 다시 조청을 약불에 올린채 솔로 연신 바탕에 칠하고 강반을 붙이면 어엿한 산자가 모습을 갖춘다. 이제 15분 정도 73도 건조기에서 말리면 엿이 고정되면서 산자가 완성된다. 힘은 들어도 포장이 끝나면 뿌듯하고 보람이 있다. 그새 맛있다고 또 사고 싶다는 전화가 온다. 한과맛의 재발견이란다. 어머니들도 정말 보람있고 자부심을 느끼신다고 한다. 손은 많이 가지만 서계마을 부스개가 대를 이어 계속 이어지길 바란다.

tip. 튀밥종류는 묵은 쌀을 써야 튀밥이 많이 나온다.

예전에는 진안의 신서 찰벼라는 품종을 썼다. 이 품종은 찰기가 많고 지금 쓰는 신품종보다 더 잘 부풀고 조직의 알이 잘 찼다. 지금은 단종 됐다고 하더라

진안에서는 유과의 바탕을 2년 3년 정도도 두었다가 튀기는데 무겁고 속이 꽉차게 잘 부푼다고 한다.

서계마을에선 3가지 유과, 쌀강정, 부스개가 나오는데 유과는 성형 후 말려서 바로 하지 않고 이주정도까지 두었다가 튀기면 더 알이 잘 찬다. 속이 비지 않고 잘 찬다는 의미다. 잘 말려야 알이 잘 찬다. 꼭 잘 말려야 한다.

제 3 장

고조리서 속
전통 과자

조선 시대 후기는 우리나라 식문화사(食文化史)에서 가장 다양하고 구색을 갖춘 음식과 음
식 예절, 상차림 등이 완성된 시기였다. 이 시기에 과정지류가 가지는 의례식으로서의 공적인
성격과 반가, 민가, 중국, 일본의 과자들을 기록한 〈정조지〉 속 과정지류가 가지는 의미는 크
다. 종합서의 성격을 띤 〈정조지〉 외에 집안마다 가지고 있는 음식법이 담긴 고조리서, 〈정조
지〉와 《규합총서(閨閤叢書)》의 영향을 받은 고조리서들 역시 저자의 집필 의도에 따라 시대
와 지역의 다과 문화를 살필 수 있는 거울이 된다. 이 장에서는 고조리서의 성격에 따라 나누
어서 실린 과정류의 특징을 살펴보고 그중에서 독특하거나 현대의 우리에게 의미가 있는 과
자류는 복원해가며 정리를 했다. 의례용과 접대용으로 타인과의 관계를 중시했던 우리 과정
류의 문화를 살펴볼 수 있다.

◇

고조리서를 통해 본 병과류의 위상

우리나라 고조리서는 내용과 집필 목적에 따라 일상식 위주의 조리서와 손님 접대용 조리서로 크게 나눠 볼 수 있다. 주류(酒類), 병과류(餅菓類), 음청류(飮淸類)는 대개 손님 접대나 의례에 필요한 경우가 많았다. 봉제사 접빈객(奉祭祀 接賓客)이 일상화된 사대부가(士大夫家)에서는 이 3가지 음식을 늘 담아 놓거나 만들 채비를 해두었다. 중요성이 강조되는 만큼 조리서의 성격에 따라 주류가 맨 앞에 나오는 경우도 많은데 당시 음식의 중요도로 봤을 때 자연스러운 배치 방법이었다. 주식에 곁들여지는 갱(羹) 외에 술안주가 될 수 있는 잡탕, 신선로 같은 화려한 탕 문화가 조선 후기로 가면서 발달했다. 우리나라의 과자류는 포와 함께 의례에 참석했던 사람들에게 나눠 주거나 이바지 음식, 근친(覲親)을 갈 때 등 찬합이나 둥구미에 과자를 싸서 보낼 때 쓰는 경우가 많았다. 수연(壽宴), 제례(祭禮), 혼례(婚禮) 때에는 과자를 높이 고이고 거기에 수복(壽福)의 문자 길상문(吉祥紋)을 새겨 아름다움과 기원의 의미를 함께 담았다.

조리서의 성격에 따라 다르지만 접대식을 다룬《영접도감의궤(迎接都監儀軌)》나《음식법》에서는 과정류의 비중이 크게 다뤄지고 있다. 《영접도감연향색의궤(迎接都監宴享色儀軌)》(1643)의 하마연(下馬宴)과 상마연(上馬宴) 찬품에 중박계(中朴桂), 한약과(漢藥菓), 홍망구소(紅望口消), 유사망구소(油沙望口消), 백다식(白茶食), 전단병(全丹餠), 소운빙(小雲氷), 적미자아(赤味子兒), 백미자아(白味子兒), 송고미자아(松古味子兒), 홍마조(紅亇條), 유사마조(油沙亇條), 송고마조(松古亇條), 율미자(栗味子), 유사미자아(油沙味子兒)가, 익일연(翌日宴) 찬품에 첨수(添水)가, 두목(頭目)의 연상(宴床) 찬품에 백산자(白散子), 홍산자(紅散子)가,《영접도감잡물색의궤(迎接都監雜物色儀軌)》(1643)의 다담(茶啖) 찬품에는 약과(藥菓)가, 2·3등 두목의 연상 찬품에는 지방과(地方菓), 봉접과(蜂蝶菓), 상약과(常藥菓)가 실려 있다. 조선 후기 반가(班家)의 가정부인이 출가를 앞둔 손녀를 위해 쓴《음식법》의 〈효도 찬합 음식〉에는 한과류 42가지가 실려 있다.

이렇듯 음식을 대접하거나 멀리 보낼 때 과자는 중요한 찬품으로 계절과 격식에 맞춰 건습(乾濕)에 따라 담는 재질을 고려해 맞춤한 그릇에 담았다.

〈표〉 절기·풍속 조리서

분류	고조리서명
일상식, 종합서	음식디미방, 증보산림경제, 정조지, 규합총서, 조선요리제법
접대식	영접도감의궤(궁중음식 기록물), 음식법, 수운잡방, 주방문
약선	산가요록, 소문사설
음식평론서	조선무쌍신식요리제법, 도문대작, 해동죽지
절기, 풍속문화요리서	열왕세시기, 동국세시기, 경도잡지, 한양세시기

1. 《주방문(酒方文)》

1600년대 말에 쓰여진 것으로 추정되는 《주방문》은 한글 조리서로 유밀과 중 약과와 연약과가 나란히 실려 있어 볶은 밀가루로 만든 연약과의 맛을 비교해 볼 수 있다.

- 기증편, 상화, 꽃전, 겸절병
- 약과, 연약과, 중박계, 우근겨, 산자, 강정, 빙사과, 콩다식
- 토장

연약과는 약과와 달리 밀가루를 미리 볶아 만들기 때문에 약과보다 더 부드럽고 향이 좋다.

중박계는 꿀과 물을 섞어 끓여 식혀서 밀가루에 넣고 반죽한다. 기름에 지지는데 즙청은 하지 않는다. 우근겨는 밀가루에 꿀과 물을 더하여 반죽하고 죽절 모양으로 썰어 기름에 지진 유밀과다. 둘 다 기름을 많이 쓰지 않고 집청도 하지 않는다. 산자, 강정, 빙사과는 바탕을 만드는 방법이 유사하다. 콩다식은 볶은 콩가루에 꿀로 반죽한 후 꿀에 즙청을 한다. 콩가루의 퍽퍽한 성질을 다시 즙청해 윤지게 했다.

2. 《영접도감연향색의궤(迎接都監宴享色儀軌)》

1643년 인조 21년 조선 정부가 청의 사신을 대접하기 위해 영접도감(迎接都監)을 설치하고 그해 3월 25일부터 4월 6일까지 치른 연향(宴享)의 전말을 기록으로 남긴 것이 《영접도감연향색의궤(迎接都監宴享色儀軌)》로 11회에 걸쳐 치러진 상차림과 음식들이 기록되어 있다. 《영접도감잡물색의궤》에는 9월 3일부터 9월 10일까지 차려진 조반(朝飯)과 다담(茶啖)을 기록했다. 이 기록을 통해 조선 시대 궁중 영접 음식의 모습을 볼 수 있다. 궁중에서 쓰던 독특한 이름의 과자류

가 많은데 모양과 빛깔 모두 시적이고 우아한 느낌을 준다. 궁중에서 쓰던 명칭과 민가에서 쓰던 명칭의 차이를 볼 수 있다.

박계류는 주로 제사상에 올리는 용도여서 크기가 일정하게 정해져 있었다. 비슷한 재료로 즙청 여부나 지초 같은 튀기는 기름의 색, 만든 모양과 크기, 수분율 여부 등에 따라 만든 법이 매우 세분되어 있다. 상약과(常藥菓), 한약과(漢藥菓) 등은 꿀 대신 조청을 넣거나 꿀과 조청을 함께 넣어 꿀만 넣어 만든 약과와 구분한 점도 흥미롭다.

중박계, 한약과, 홍망구소, 유사망구소, 백다식, 전단병, 소운빙, 적미자아, 백미자아, 송고미자아, 홍마조, 유사마조, 송고마조, 율미자, 유사미자아, 첨수, 백산자, 홍산자, 약과, 지방과, 봉접과, 상약과

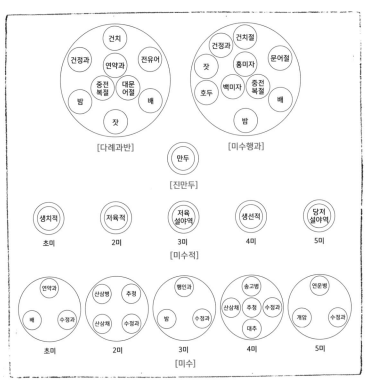

[다례과반]

[미수행과]

[진만두]

생치적 — 초미
저육적 — 2미
저육설야역 — 3미
생선적 — 4미
당저설야역 — 5미

[미수적]

연약과 — 초미
산삼병·추청·산삼채·수정과 — 2미
행인과·밤·수정과 — 3미
송고병·산삼채·추청·수정과·대추 — 4미
연운병·개암·수정과 — 5미

[미수]

하마연과 상마연에서의 다례과반·미수행과·진만두·미수(1인분 상차림)
자료: 『영접도감연향색의궤』(1643)

3. 《음식법[饌法]》에 실린 계절에 맞게 과자 올리는 법

◇ 사층 왜찬합의 유밀과

◇ 사층 사기찬합의 정과

◇ 놋대합에 다식과 하나

◇ 화분자 같은 데에 수정과

◇ 화대접 같은 데에 그 계절의 생실과

◇ 화원첩 같은 데에 계절에 맞는 찜 종류나 지짐이나 한 그릇

◇ 춘추에는 매화산자로 하는 것이 보기 좋고 여름 복중에는 잡과 다식과 산자 같은 것은 하지 말라. 연사, 깨산자는 무방할 것이다.

◇ 칠팔월이면 햇밤을 노랗게 고아 조려서, 강즙과 계피를 섞어 다식으로 박아 한층 담는데, 칠보 모양으로 단단히 쥐어 각을 반듯하게 하고, 정하게 베어 잣을 두세 개씩 넣어도 좋다.

◇ 겨울에는 산약이 여물려 하니 밤 소를 넣어 단자 만들어 잣가루 묻혀 넣고, 체에 걸러 밤처럼 꿀 반죽하여 잣 박아도 좋고 다식으로 박아도 넣고, 또 만두 모양으로 빚어 잣가루에 묻혀도 좋다.

4. 《시의전서(是議全書)》 속 반상 차리는 법

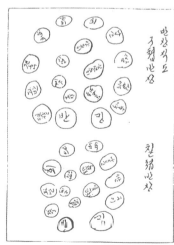
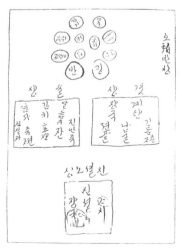

5. 과정류(菓飣類))의 종류

중국에서는 이나 병이라 하는 것을 우리나라에서는 유밀과라 하고 제사나 진치에 쓰이는데 생실과보다 앞서 놓는 게 풍속이다 라고 했다.

유밀과(油蜜菓)에는 약과류(약과, 대약과, 소약과, 모약과, 방약과(方藥菓), 연약과(軟藥菓)), 만두과류(만두과, 대만두과(大饅頭菓), 소만두과(小饅頭菓), 연사라교), 다식과류, 박계류(朴桂類), 한과류(한과류, 미자류), 계강과(桂薑菓), 매작과(梅雀菓), 차수과(叉手菓), 채소과(菜蔬菓), 요화류(蓼花類), 기타로 나눠 볼 수 있다. 대약과는 고배상(高排床)에 쓰였다. 대약과를 높이 쌓아 올리고 그 위에 만두과를 웃기로 올렸다. 소약과, 만두과는 일상에서 만들어 쓰였고 모약과는 제상에 올렸다. 방약과는 모약과의 궁중 용어다.

유과(油菓)는 강정류(강정, 세반강정, 매화강정, 깨강정, 흑임자강정, 콩강정, 녹두강정, 신감초강정, 송화강정, 생강강정, 백자강정, 계피강정, 계백강정, 호도강정, 방울강정, 비자강정), 산자류(산자, 매화산자, 세반산자, 메밀산자, 밥풀산자, 묘화산자, 백산자), 빙사과류, 감사과류, 연사과류가 있다.

다식(茶食)에는 곡물가루로 만든 다식(녹말다식, 진말다식, 쌀다식), 한약재가루로 만든 다식(강분다식, 신감초다식, 용안육다식, 갈분다식, 산약다식), 견과류로 만든 다식(밤다식, 잡과다식, 상자다식, 대추다식, 잣다식), 종실로 만든 다식(흑임자다식, 콩다식, 진임다식), 꽃가루로 만든 다식(송화다식, 포항다식), 동물성 재료로 만든 다식(건치다식, 포육다식, 광어다식)이 있다. 반과상이나 다과상에는 작은 다식과가 쓰였다.

정과(正菓)는 뿌리와 줄기로 만든 정과(연근정과, 생강정과, 도라지정과, 무정과, 우엉정과, 당근정과, 인삼정과, 죽순정과), 과일로 만든 정과(모과정과, 산사정과, 동아정과, 귤정과, 청매정과, 백매정과, 복숭아정과, 유자정과, 앵두정과, 살구정과, 문동정과, 들죽정과, 행인정과, 배정과, 산포도정과, 건포도정과, 복분자정과, 수박정과, 대추정과, 사과정과, 유리류정과), 기타 송이정과, 다시마정과, 건정과, 당속정과, 각색정과, 웅지정과가 있다.

숙실과(熟實菓)에는 란(卵, 조란, 율란, 생란)과 초(炒, 대추초, 밤초)가 있다.
과편(菓片)의 종류는 과일로 만든 과편(앵두편, 모과편, 살구편, 산사편,
복분자편, 벚편, 오미자편, 들죽편), 전분으로 만든 과편(녹말편, 저여병, 모
밀편)이 있다.

엿강정류에는 콩엿강정, 낙화생엿강정, 깨엿강정, 잣엿강정(백자편),
호도엿강정, 대추엿강정이 있다.

당(糖)에는 엿류(검은엿, 흰엿, 콩엿, 밤엿, 깨엿, 호도엿, 잣엿, 수수엿, 땅콩
엿, 무엿, 보리엿, 고구마엿, 돼지고기엿, 꿩엿, 닭엿, 대추엿, 호박엿)와 당류
(옥춘당, 오하당, 팔보당, 귤병, 설당, 인삼당, 밀조, 과자당, 사탕, 청매당, 건포
도, 수옥당, 진자당, 추이당, 빙당, 금전병, 문동당, 이포, 포도당, 고현당, 호도
당, 백설탕, 흑설탕, 밀조, 민강, 녹이고, 당대초, 용안, 채당, 밀당, 과포, 어엽자
설탕, 양과자, 회회포, 팔보)가 있다.

6. 《산가요록(山家要錄)》

1450년경 어의(御醫) 전순의(全循義)가 지은 조리서로 궁중의 음식과 조선 전기의 음식 문화를 엿볼 수 있는 책이다. 기름에 튀기지 않고 볶은 밀가루와 참기름, 꿀을 섞어 끓인 후 반죽해서 종이를 펴고 잣을 뿌린 후 다시 종이로 덮고 밀어 만드는 건한과와 볶은 밀가루에 꿀과 참기름을 넣고 달게 만든 약과가 나온다. 두 가지 다 즙청을 하지 않고 튀기지 않는다.

빙사과나 백산자는 모두 반대기를 말렸다가 기름에 튀겨 꿀로 버무렸다 먹는다. 안동 다식법은 밀가루를 볶아 만들고 다시 한번 다식 을 굽도록 했다. 훨씬 소화가 잘된다. 기름과 꿀 없이 과자 만드는 법에서는 한과나 중박과를 물로 반죽해 말리고 솔잎하고 같이 쪄서 볕에 말려서 사용하도록 했다. 과자를 상하지 않고 오래도록 보관 하는 법을 소개하고 있다. 우무, 동과, 생강, 앵두는 꿀과 함께 졸 여 정과를 만든다.

건한과, 약과, 빙사과, 백산자, 안동다식법, 우무전과, 동과전과, 생강전과, 앵두전과, 무유청조과법

7. 《증보산림경제(增補山林經濟)》

유난히 과실을 이용해 달이는 정과나 전이 많이 수록되어 있다. 산림에서 살면서 얻은 과실이나 종실들을 상하지 않게 고거나 다려 정과를 만들어 식량 대신 먹거나 손님 접대를 위해 만들도록 했다.

참깨다식, 잡과다식, 살구전, 복숭아전, 동아정과, 도라지전, 산포도전, 다래전, 조이당, 조청

8. 《음식법》

《음식법》은 여러 가지로 의미가 깊은 책이다. 저자가 혼례를 앞둔 손녀에게 남긴 책인데 '삼대 글씨'라고 해서 어머니나 고모 등도 집안의 음식을 전하기 위해 같이 참여했음을 알 수 있다. 1854년경 쓰여진 이 책을 통해 한 집안의 음식 문화가 시집을 가서도 전해지고 살림과 제사 음식을 도맡아 하면서 자긍심을 가지고 소임을 잘 완수하도록 염려하는 마음을 담아 썼으리라 짐작된다.

《음식법》이 다른 음식 책과 다른 점은 일상식보다는 반가에서 중시하는 3가지 항목을 다루었다. 첫째는 재료 고르기, 다루기에 유의할 사항을 〈제과유독(諸菓有毒)〉, 〈제채유독(諸菜有毒)〉, 〈음식금기(飮食禁忌)〉 등으로 소개했으며, 식품 저장에 관한 지혜도 적고 있다.
둘째는 찬합에 담는 한과와 선물로 보내는 떡에 관해 상세히 적고 있는데 집에 왔다가는 손님의 접대를 소홀히 하는 것은 큰 결례일 뿐 아니라 빈손으로 보내는 것 또한 격에 맞지 않는다고 생각했다. 지금도 내 일로 내 공간에 방문하는 사람들에게 답례품을 주는 것을 예의로 생각하는 풍습이 여전히 남아 있다.
셋째는 연회나 의례가 많은 반가에서는 손님 상차림이 일상사였다. 손님상에 올라갈 음식에 관해 잘 정리되어 있어 일상식과 구분되어 연회 식이 무엇인지 알 수 있다. 주고 엿기기떡, 띤, 느그미, 소빈긴,

면 등이 손님상에 올랐다.

《음식법》을 통해 한과의 중요한 쓰임 중에 손님 접대용과 의례에 쓰인 후 찬합에 담아 보내는 용도로, 기호식으로 쓰이는 선물용이 있었다는 것을 알 수 있다. 의례적인 성격이 강한 과자는 저장성이 좋고 멋을 내기도 좋아 한껏 솜씨를 뽐낼 수도 있고 오래 두고 먹는 만큼 먹을 때마다 보낸 이에게 고마움을 느끼며 먹을 수 있었다.

《음식법》에 실린 한과류표를 인용해보면 다음과 같다.

유밀과	유과	다식	정과	숙실과, 과편
다식과	연사	황률다식	산사쪽정과	조란, 율란
만두과	홍백매화산자	송화다식	모과쪽정과	생강편
연사라교	원잣산자	흑백깨다식	동화정과	계강과
타래과	흑백깨산자	홍백녹말다식	연근정과	밤조악
	잣박산	잣다식	생강정과	대조편
		잡과다식	유자정과	산사편
		상실(도토리다식)	감자정과	모과편
		당귀다식	맥문동정과	앵두편
		용안육다식	귤정과	복분자편
		황률두드린 것	들쭉정과	벚편
				준시단자
				마단자

9. 《수운잡방(需雲雜方)》

조선 전기 안동 유림(儒林)들이 즐겨 먹던 음식을 기록한 김유(金綏, 1491~1555)의 《수운잡방(需雲雜方)》에는 술안주가 될 수 있는 탕과 전통주가 많이 수록되어 있다. 당시 손님 접대 음식이 어떠했는지 살펴볼 수 있는 귀중한 자료다. 상대적으로 과정류의 종류는 적은 편이다.

동아정과, 생강정과, 다식법, 엿만들기

10. 《음식디미방》
연약과법, 다식법, 박산법, 앵두편법

◇ 연약과법: 눈게 볶은 밀가루 한 말에 맑은 꿀 한 되 다섯 홉, 참기름 다섯 홉, 청주 세 홉을 섞어 만들어 기름에 지져서 식지 않았을 때 물엿에 넣어 쓰라

《음식디미방》의 약과 만드는 법은 약과를 연하게 만들기 위해 청주를 넣는다. 밀가루를 그냥 쓰지 않고 볶아서 쓰기 때문에 밀가루가 미리 호화되어 날 밀가루보다 빛깔이 진하고 향도 좋으며 풀빵같이 노릇노릇한 풍미가 생긴다.

◇ 박산법: 찹쌀가루를 찧어서 좋은 청주로 반죽해서 찐다. 이를 대나무로 밀어 국수 싸듯이 밀어서 국수를 만들 때처럼 쌓고 가루자 팥 낱알만 하게 썰어 말려서 들븨에 지져 졸인 꿀을 묻혀 박고 이것을 썰어서 쓴다. 희고 맑은 꿀이 없으면 엿을 희게 고아서 꿀처럼 양이 적게 졸인 후에 녹여 박아내 약과 낱알만 하게 썰어서 쓰라

박산은 박상이라고 해서 경상도 지역에서 흔히 쓰는 말로 곡류 자체를 튀긴 뻥튀기를 일컫기도 한다. 산자의 바탕을 만들 때 청주로 반죽해 연하면서 윤기 있게 만들어준다.

11. 《시의전서》
1800년대 말 작자 미상의 조리서로 422종의 음식이 수록되어 있다. 특히 과정류가 상세하게 종류별로 수록되어 있어 조선 후기의 음식 문화와 상차림 법을 잘 보여준다.
유밀과ー약과 만드는 법, 나식과, 반누과, 흥세, 배삭과, 빈사, 색뉴과

◇ 약과 만드는 법: 밀가루에 소금, 후춧가루, 참기름을 넣고 고루 비벼 체에 내린다. 꿀, 생강즙, 소주를 섞어가며 반죽이 한데 뭉치도록 눌러 가며 반죽한다. 꿀에 생강즙, 계핏가루, 후춧가루를 섞어 즙청 꿀을 준비한다. 약과 반죽을 1.5cm 두께로 밀어 6× 6cm 크기로 자른 다음 뒷면에 대 꼬치로 구멍을 낸다. 140도 정도의 기름에서 갈색이 날 때까지 지진 다음 약과가 뜨거울 때 즙청 꿀에 넣고 즙청한 후 잣가루, 계핏가루를 뿌린다.

◇ 석류과: 메밀가루와 밀가루를 섞어 체에 내린다. 소금 넣은 끓는 물을 조금씩 부어가며 반죽한다. 반죽을 만두피처럼 밀대로 얇게 민다. 잣가루와 후춧가루를 섞어 대추만 하게 소를 빚고 만두피에 싸서 석류 모양으로 빚는다. 지치로 붉은빛을 낸 기름을 넉넉히 넣 고 지져낸다.

유과-강정방문, 매화산자법, 모밀산자, 감자과, 빈사과, 매화강정, 산자 밥풀, 매화 세반 만드는 법

◇ 빈사과: 찹쌀은 깨끗이 씻어 7일간 물에 담갔다가 건져 가루로 빻은 다음 소주와 물을 넣고 반죽한다. 찜통에 젖은 보자기를 깔고 찐 다음 꺼내어 방망이에 술을 묻혀가며 꽈리가 일도록 매우 친다. 도마 위에 찹쌀가루를 뿌린 다음 쳐낸 반죽을 0.5cm 두께로 편편하게 밀어 약간 굳힌 후 0.5×0.5cm 크기로 자른 후 말린 다. 기름에 한곳에는 치자를 넣어 끓여 황색 기름을 만들고 다른 한곳에는 지치를 넣고 끓여 홍색 기름을 만든다. 황색 기름을 홍색 기름에 반씩 넣고 각각 튀긴다. 여기에 흰엿을 넣고 버무린 다음 높이 2.5cm 정도의 네모진 틀에 편편하게 굳힌 후 2.5× 3cm 크기의 네모로 썬다.

다. 튀기는 기름에 치자나 지치를 써서 색을 낸다.

◇ 강정방문 : 찹쌀은 깨끗이 씻어 7일간 물에 담갔다가 건져 가루
　로 빻은 다음 소주와 물을 넣고 반죽한다. 찜통에 젖은 보자기를
　깔고 찐 다음 꺼내어 방망이에 술을 묻혀가며 꽈리가 일도록 매
　우 친다. 도마 위에 찹쌀가루를 뿌린 다음 쳐낸 반죽을 0.5cm 두
　께로 편편하게 밀어 굳힌 후 1×3cm로 썰어 말린다. 120도 온도
　에서 2분간 튀기고 다시 160도에서 2분간 튀긴다. 튀겨 낸 강정
　에 즙청 꿀을 바르고 고물을 묻힌다.
다식-흑임자다식, 송화다식, 황률다식, 갈분다식, 녹말다식, 강분다식,
전복다식
정과-생강정과, 유자정과, 감자정과, 연근정과, 배정과, 길경정과, 인삼
정과, 행인정과, 청매정과, 들쭉정과, 산사쪽정과, 모과쪽정과, 모과거
른정과
숙실과-율란, 조란, 밤숙
과편-산사편, 모과편, 앵두편, 복분자편, 살구편, 벗편, 녹말편, 들쭉편
엿-수수엿, 엿고는 법

12. 《규합총서(閨閤叢書)》
1809년 서유본(徐有本)의 아내인 빙허각 이씨(憑虛閣 李氏, 1759~1824)
가 부녀자들을 위해 지은 가정생활 지침서로 권1 주사의(酒食議) 편
에 술과 음식 만드는 법이 나와 있다.
유밀과류-약과, 강정, 매화산자, 밥풀산자, 묘화산자, 메밀산자, 감사과
산자, 연사, 연사라교, 계강과, 생강과, 건시단자, 밤조악, 황률다식, 흑임
자다식, 용안다식, 녹말다식, 산사편 등

집안에서 주로 해 먹던 과정류들이 고르게 실려 있다. 한글 고어체

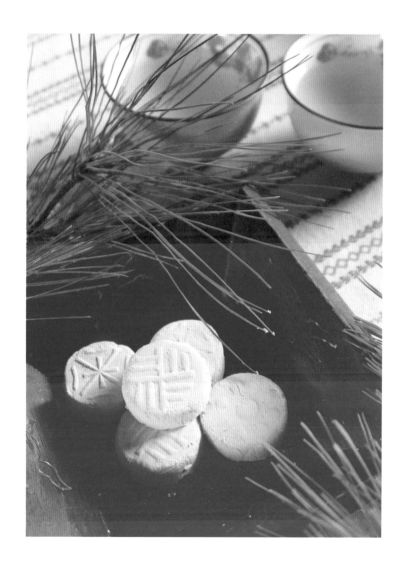

로 써서 누구나 쉽게 책을 보고 익힐 수 있게 했다. 직접 음식을 하는 여성 특유의 섬세한 조리법과 묘화산자, 계강과, 건시단자, 밤조악, 용안다식 같은 특색 있는 과정류가 실려 있다.

13. 《조선무쌍신식요리제법(朝鮮無雙新式料理製法)》

1924년 이용기(李用基)가 쓴 요리서로 음식에 대한 평이 함께 실려 있어 이 요리서이면서도 읽는 재미가 있다. 저자의 음식에 대한 풍부한 식견이 돋보인다.

◇ 숙실과−밤초, 대추초, 율란, 조란
◇ 유밀과−약과, 다식과, 만두과, 중백기, 한과, 매잡과, 채소과
◇ 다식−흑임자, 녹말, 밤, 송화, 신검초, 콩, 강분
◇ 편−녹말편, 앵두편, 모과편, 산사편
◇ 당전과−사탕, 면보
◇ 정과−복사, 산사, 모과, 감자, 유자, 연근, 생강, 동아, 들쭉, 쪽, 연강, 배숙, 앵두숙
◇ 점과(명과)−산자, 세반산자, 빙사과, 요화깨, 잣박산
◇ 강정−깨, 콩, 신검초, 흑임자. 송화, 다홍, 방울, 세반, 매화, 잣, 계피
◇ 엿−흑당, 엿기름내는 법, 백당, 밤엿, 흑두당
◇ 잡록−전약, 조청
◇ 대미류−약과, 다식과
◇ 유과류−강정, 산자, 밥풀 튀기는 법, 매화밥풀, 빈사과, 묵강정, 매자과, 백잣편

약과, 다식과, 만두과, 중백기는 〈정조지〉와 방법이 같다.
한과, 매잡과, 채소과는 추가로 나와 있다. 한과를 미자라고 부른다고 했으며 미자에 대한 묘사가 나와 있다.

> 한과는 미자라고도 부르는데 중백기보담 잘고 네모지게 하야 지저가지고 조청을 겉에다가 칠하고 또 조청에 다홍물도 들여서 붉은 것도 만드나니라.
>
> 매잡과(梅雜菓)는 밀가루를 반죽하여 얇게 밀어 가지고 길이가 두 치 넓

이가 닷 분쯤 베어서 한가운데를 기럭지로 째어 한곳을 구멍으로 집어 넣어 빼면 뒤집혀질 것이니 그리한 후에 기름에 떠어 잠깐 지져내나니라

채소과는 실강거라는 이름이 붙어 있다.
밀가루를 반죽하여 비벼서 국수처럼 만들어 놓고 싸리나 대를 휘어 끝이 좌우로 두 치 넓이만큼 하게 하여 벌어지지 않게 가운데를 동여매고 국수처럼 된 것을 끝에다가 예닐곱 번씩 휘감아 끝을 감은 허리에다가 두어 번 감아서 메고 빼내어 기름에 잠깐 지지나니라

약과

실강귀

14. 《조선요리법(朝鮮料理法)》

1953년 국내 최초의 전통병과 전문점인 '호원당'을 설립한 조자호(趙慈鎬, 1912~1976) 선생이 1939년에 출간한 조리서다. 《조선요리법(朝鮮料理法)》의 찬합 꾸리는 법을 보면 삼층으로 건, 진, 반과 3가지를 구분해서 실었다. 찬합 속에는 유지를 깔고 가장자리에도 두르고 칸도 만들어 넣어 모양을 내고 구분을 했다. 반과(飯菓)는 후식 혹은 간식에 해당하는데 율란, 산승, 생강단자, 깨다식, 다식과, 쌀다식, 녹말다식, 송화다식, 조란 등을 담았다.

> "예전에는 집안 어른이 어디 원행하실 제는 반드시 이런 식으로 찬합을 해서 가지고 가시게 합니다. 또는 대소가 혹은 친구댁에 선사도 합니다."

봉접과(蜂蝶菓)와 첨수(添水)

봉접과(蜂蝶菓)

고소하고 담백한 벌나비과자

재료: 밀가루 120g, 콩가루 48g, 흑당 24g, 참기름 24g, 물 72g,
조청 80g, 물 8g, 식용유 적당량

만드는 법

1　밀가루와 콩가루를 섞어서 체에 내리고 참기름을 넣고 비빈 다음
　　다시 한번 체에 내린다.

2　여기에 물을 넣고 손으로 뭉치듯 반죽한다.

3　반죽을 30g씩 떼어 지름이 1cm 정도 되게 원기둥 모양으로 비벼
　　모양을 만든다.

4　조청을 끓여 갈색의 흑당을 만들고 식혜 물을 넣고 끓인다.

5　기름을 붓고 120도의 낮은 온도에서 서서히 튀겨 색을 내고 거져
　　기름을 빼고 흑당물에 담갔다가 꺼내 꿀물을 완전히 빼낸다.

봉접과(蜂蝶菓)는 벌과 나비가 찾아와 먹는 맛있는 과자라는 뜻일 것이다.
고소하고 달콤한 향이 벌과 나비를 부르듯 사람도 부르는 과자다. 형태도
전통적인 가는 막대 모양으로 이색적이다.
꿀과 흑당, 밀가루, 기름 등이 들어간 과자가 얼마나 귀한 대접을 받았는지
봉접과라는 이름에서 선명하게 느껴진다.

tip. 콩가루와 참기름이 들어가 반죽 후에 잠시 휴지기를 가져야 반죽이 매끄럽다.

첨수(添水)

촉촉한 맛의 과자계의 설하떡

재료: 중력분 110g, 꿀 4g, 조청 16g, 참기름 5g, 물 53g,

즙청용 꿀 5g, 조청 15g, 물 5g, 식용유 적당량

만드는 법

1 물, 조청, 꿀을 넣고 끓여서 식힌다.

2 밀가루를 체에 내리고 참기름을 넣고 비빈 후 다시 한번 체에
   내린다.

3 여기에 꿀물을 넣고 반죽한 다음 방망이로 반죽을 밀어서 0.1cm
   두께에 10×10cm 크기로 자른다.

《영접도감의궤》에서 볼 수 있는 독특한 과자인 첨수는 튀긴 과자를 바로 찬물에 집어넣어 수분을 순간적으로 넣어주는 과자다. 찬물에 들어가는 순간 치직 하는 소리가 나 철을 담금질하는 순간을 떠오르게 한다. 130도의 낮은 온도에서 과자를 서서히 튀겨 갈색을 내고 찬물에 담갔다가 바로 건져 물기를 뺀다. 꿀과 조청, 물을 섞어 약한 불에서 끓이고 섞으면 내려 과자에 얇게 펴 바른다. 첨수(添水)는 물을 더한다는 의미로 재미있는 조리법을 볼 수 있다. 설하멱처럼 기름에서 익힌 과자를 즉시 찬물에 넣었다가 빼내 물기를 빼고 연하게 만든 후 꿀물을 얇게 바른 과자다. 기름에 과자를 튀기면 안에 있던 수분이 빠져나가면서 식감이 바삭해지는데 급히 찬물에 넣었다 빼면 수분이 다시 보충되고 표면에 있던 기름이 살짝 빠져나간다. 조직에 긴장감을 주면서 식히기 때문에 눅진한 맛이 생긴다. 조직은 연해지고 젖은 낙엽처럼 가벼우면서 수분이 깊이 느껴지지는 않는 상태가 된다. 봉접과와 첨수를 합해 나비로 표현해 본 이유다.

다만 넣자마자 바로 꺼내지 않으면 과자가 수분을 많이 먹어 늘어져서 풀어지게 된다. 바로 꺼내서 형태를 단단하게 유지하면서도 촉촉함을 담아야 한다.

젖은 낙엽 같은 식감이 매우 독특하다. 얇은 피를 튀겨서 눅진한 맛을 내는 방법은 비를 맞은 나비가 날개를 말리는 모습을 보고 누군가 만들지 않았을까 생각해본다.

찬물에 담갔다가 바로 건져 물기를 뺀다

송고미자아(松古味子兒)

붉은빛에 소나무 향을 품은 과자

재료: 숙송기 100g, 찹쌀가루 80g, 꿀 20g, 조청 50g, 물 10g,
찹쌀가루 26g, 사분백미 130g, 식용유 300g

만드는 법

1 찹쌀을 불렸다가 쪄서 말린다. 뽀얗게 튀긴 후 기름을 빼고 식혀
   갈아 얼레미에 내려 사분백미(沙粉白米)를 만들어 준비한다.

2 물이 오른 소나무의 겉껍질을 벗기고 흰 속껍질을 벗겨 뭉근한
   불에서 연해질 때까지 삶는다.

3 섬유질이 끊어질 정도로 삶아 물에 담갔다가 꼭 짜서 곱게 다진다.

4 꿀, 조청, 물을 넣고 끓인 후 식혀 준비한다.

5 체에 내린 찹쌀가루와 송기, 꿀물을 한곳에 합해 반죽한다.

6 반죽을 떼서 도토리 알 크기로 빚는다.

7 기름을 160도 정도 온도에서 노릇노릇 튀겨 내 기름을 뺀다.

8 즙청용 시럽을 잔잔하게 끓이다가 불을 끄고 7을 담갔다가 꺼낸다.

9 꿀물이 빠지면 준비한 사분백미 가루를 고루 묻힌다.

다식과 등 가루의 종류와 가루를 처리하는 방법은 밀가루를 볶는 과정에서 쌀가루로의 변천을 보여준다.

산을 따라 자연스럽게 형성된 아늑한 마을 주변 야산에 소나무는 늘 사람들 곁에 있다. 찌를 듯한 잎과 달리 소나무는 식재료로 많은 것들을 내준다. 솔잎, 소나무껍질, 송홧가루, 복령, 송이버섯까지 사는 것은 물론 송진이 있어 불이 잘 타게 하는 소나무 장작, 소나무 도마, 집 짓는 목재까지 소나무와 일생을 함께한다. 죽어서는 소나무관에 들어가 소나무에 에워싸여 누워 있다.

죽죽 뻗은 장년의 소나무와 구불구불한 노인을 닮은 소나무를 바라보며 의지를 다지고 안온함을 느꼈다. 지독한 흉년이 들면 소나무의 껍질은 막힌 장을 뚫어주는 구황 식재가 되었다. 송고(松古) 즉 소나무껍질은 먹는 변비 예방제 및 치료제였다. 소나무껍질에는 항산화 물질인 피크노제놀(Pycnogenol)이 들어 있어 혈액순환을 돕고 활성산소를 제거한다. 해풍과 강한 햇빛을 견디면서 자신을 외부 환경으로부터 보호하기 위해 만들어내는 물질이다. 악조건 속에서도 마디게 크는 소나무껍질 속에 더 많이 들어 있다고 하니 노목(老木)이 아름답고 주름 속에도 깊이가 있는 것은 다 마찬가지다.

이런 이치를 몰라도 사람들은 송고병, 송기떡, 생키떡 등 여러 가지 이름으로 불리는 떡을 만들어 먹었다. 반면에 떡보다는 과자가 좀 더 여유가 있어 보인다. 어쩐지 리듬감이 느껴지는 이름을 가진 미자(味子)는 도토리 알만한 크기의 과자다. 미자아는 교점말 즉 찹쌀가루를 넣고 반죽해 송기가 잘 뭉쳐지게 했다. 미자아는 황률, 밀가루 등으로도 만들었다. 종묘제례에 제수나 예찬으로 올릴 정도로 송고로 만든 떡과 과자는 조선 시대에 하나의 격식 있는 과정류의 재료로도 쓰였다. 소나무껍질을 벗기면서 솔향을 취하고 알알이 씹으면 이를 튼튼하게 해주는 건강한 과자다.

tip   바쥬 무으 꾸일 때 저지 막고 그대로 드면서 꾸어 시히다 다진 소기를 더으 곱게 하려
면 연해지도록 찧어서 준비한다.

임자좌반(荏子佐飯)

매콤한 맛의 반찬 겸 과자

재료: 찹쌀가루 200g, 물 20g. 술 36g, 덧가루 적당량,
볶은 깨 8g, 후춧가루 1g, 산초 0.8g, 고춧가루 1g,
잣가루 10g, 간장 6g, 기름 적당량

만드는 법

1 찹쌀가루는 체에 내려 물과 술을 섞어 반죽하다가 볶은 깨,
    후춧가루, 산초 가루, 고춧가루, 잣가루를 함께 섞어 반죽한다.

2 간장으로 간을 하고 반죽은 찌거나 구멍 떡을 만들어 삶는다.

3 건져 실이 날 때까지 충분히 쳐서 덧가루를 뿌린 후 반죽을 올리고
    위에 다시 덧가루를 뿌린다.

4 모양을 잡고 3×3cm 혹은 6×6cm, 두께는 0.8cm 정도로 밀어 썰어
    말린다.

5 말린 바탕은 기름에 지진다.

임자좌반은 깨가 들어간 좌반, 즉 밥을 잘 먹을 수 있게 도와주는 반찬을 말한다. 그런데 만드는 방법이 산자나 강정과 같다. 간장으로 간을 맞추고 고춧가루, 산초 가루, 후춧가루로 매운맛을 내고 깨와 잣가루가 들어가 고소한 맛을 더했다. 합해서 함께 갈아 보면 시치미 같은 향이 나고 콧속이 상쾌해져서 색다른 자극을 준다. 향신료 덕분에 느끼하지도 않고 반찬으로도 잘 어울리며 술안주, 간식거리로 그만이다.

깨는 임자(荏子)라고도 불리는데 여기서는 굳이 들깨를 넣지 않고 참깨를 볶아 넣으면 잘 어울린다. 참깨와 잣은 불포화 지방산이 풍부해 혈관 건강은 물론 노화를 막아주는 건강식품이다. 산초, 후추, 고춧가루가 들어가 서로 다른 매운맛을 내면서 체온을 올려주고 혈액순환을 촉진한다.

건강한 조합으로 만들어진 임자좌반은 산자를 간을 하고 양념을 해 반찬으로 만든 지혜로운 음식이다. 반찬으로 먹으면 너무 부풀지 않게 눌러준다.

tip. 볶은 깨와 모든 가루를 곱게 갈아 체에 내린 후 반죽에 넣는다.

매잡과(梅雜菓)

◇

독특한 모양의 유밀과

재료: 밀가루 200g, 소금 2g, 생강즙 20g, 물 90g, 튀김용 기름 3컵
즙청 시럽: 꿀 200g, 물 50g, 계핏가루 2g, 잣가루 20g

만드는 법

1 소금을 곱게 갈아 둔다.

2 밀가루에 간 소금을 넣고 체에 내린다.

3 꿀과 물을 넣고 함께 졸인다.

4 식으면 계핏가루를 넣고 고르게 섞는다.

5 밀가루에 생강즙과 물을 넣고 반죽해서 숙성되도록 20분 정도
   반죽을 둔 다음 밀대로 얇게 민다.

6 번 가루를 뿌리고 반죽을 2×5cm 정도 크기로 잘라 칼로 내 천(川)
   자 모양으로 칼집을 넣고 가운데로 뒤집어 타래 모양으로 만든다.

7 140도 정도의 기름에서 색이 나게 튀기 후 기름기를 빼고 즙청
   시럽에 담가 두었다가 여분의 시럽을 빼내고 잣가루를 뿌린다.

매작과(梅雀菓)는 이름도 예쁘고 꼬임이 있는 모양도 특별하다. 재료는 간단해도 밀가루에 생강즙이 들어가고 꿀에 집청하는 것이 한과의 기본을 익히기에 좋다. 장년층에게는 매작과를 만들어 솜씨를 뽐내던 학창 시절의 기억이 있을 것이다. 매작과는 매엽과, 매잡과(梅雜菓)라고도 불리는데 매화나무에 참새가 앉아 있는 모양을 본떠 붙인 이름이 퍽 아름답다.

매작과는 1827년《진작의궤(進爵儀軌)》에 매엽과(梅葉菓)로 기록되어 있고 1900년대 이전 고조리서에는 잘 보이지 않는다. 그 후에 나온 여러 조리서에는 매작과가 나오는 걸로 봐서 접빈용으로 반가에서 해 먹었음을 짐작해 볼 수 있다. 매작과의 반죽법은 조금씩 다르다.《조선요리법》에는 매엽과로 나와 있는데 밀가루를 쳐서 약주와 설탕을 넣고 차지게 반죽하고 잘라 보아 빈 구멍이 없으면 된 것으로 본다.

tip. 바깥쪽의 칼집을 지나치게 길게 넣어 뒤집으면 찢어질 수 있어 주의한다. 처음부터 높은 온도의 기름에 넣으면 타기 쉬워 100도쯤에 넣었다가 불을 올려 140도 정도에서 건져낸다.

매작과 특유의 타래 모양을 내려면 주의가 필요하다. 되도록 얇게 민 반죽을 잘라내 칼집을 넣는데 내 천(川) 자의 길이를 가운데는 길게 바깥쪽은 상대적으로 짧게 한다. 양쪽 끝에서 고르게 같은 길이로 남겨야 모양이 균형 잡히게 잘 만들어진다. 뒤집어서 잘 매만지고 튀길 때도 주의가 필요하다. 매작과는 손쉽게 만들어서 손님상에 낼 수 있어 의례용보다는 일상용 과자로 적합하다. 바삭하면서 무겁지 않고 생강과 계피가 들어가 소화를 돕는다. 붉은색이나 노란색 푸른색을 들인 매작과를 곁들이면 화려하다.

생강은 한과에 자주 쓰이는데 그만큼 향기도 좋고 기름에 튀기는 한과의 산패도 막아주어 깔끔한 맛을 내준다. 계피와 함께 쓰면 더욱더 효과적이다 아이들과 함께 만들어 간식으로 즐기기에도 적합한 재미있는 전통 과자다.

실강귀

실타래를 닮은 귀한 과자

재료: 밀가루 200g, 소금 2g, 꿀 20g, 물 90g,
튀김용 기름 3컵, 계핏가루 3g

만드는 법

1 소금을 곱게 갈아 준비하고 밀가루와 함께 고운체에 내린다.

2 반죽에 꿀을 넣고 비벼 먹인 다음 체에 다시 한번 내리고 남은 물을
넣어 반죽한다.

3 반죽을 얇게 밀어 썬 다음 풀어서 모양을 비벼서 매만져 실처럼
만든다.

4 실처럼 생긴 가닥을 감아 5cm 길이에 폭 2.5cm 정도 크기로 감은
다음 허리를 돌려 감아 실타래 모양으로 만든다.

5 130도의 기름에 튀기고 실타래 안쪽까지 고르게 색이 나도록
주의해서 튀긴다.

6 색이 고르게 나면 꺼내서 설탕과 계핏가루를 뿌린다.

과자의 모양과 형태는 식감에 큰 영향을 준다. 실감기는 그런 고민을 하던 누군가가 반죽을 늘려 국수 모양을 만들고 모아서 실타래 감듯이 감아 중간에 풀리지 않게 돌려 묶어 만든 흔치 않은 과자다. 밤늦게까지 목화실을 옮겨 감아 실타래를 만든 데서 힌트를 얻은 것 같다.

실감기는 일일이 가늘게 썰어 감아 묶어야 하므로 손이 많이 간다. 이 과자는 《조선무쌍신식요리제법》에 채소과로 소개하고 있는데 차수과와 타래과, 채소과가 모양과 명칭에서 다소 혼란이 있어 실감기라는 이름을 써 봤다.

밀가루를 반죽해서 비벼서 국수처럼 만들어 놓고 싸리나 대를 휘어 끝이 좌우로 두치 넓이만큼 하게 하여 벌어지지 않게 가운데를 동여매고 국수처럼 된 것을 끝에다가 예닐곱 번씩 휘감아 끝을 감은 허리에다가 두어 번 감아서 매고 빼내어 기름에 잠깐 지진다 라고 기록되어 있다.

가는 가닥수가 많기 때문에 오래 지질 필요가 없다. 채소과는 《진찬의궤》나 《진연의궤》에 수록된 음식으로 연향 음식에 쓰였음을 알 수 있다. 여기에 색을 입혀 멋을 내기도 했다. 약과와 같은 재료로 만들어진 유밀과로 모양이 독특한 채소과는 현대인의 기호도 만족시켜 줄 만한 식감과 모양을 가지고 있다.

tip: 꿀에 졸철룩 하며 코팅이 되어 기름내가 덕 난다

묵강정

묵을 색다르게 먹는 법

재료: 도토리묵 368g, 청포묵 447g, 메밀묵 361g, 올방개 묵 434g,
꿀 60g, 참기름 100g, 계핏가루 5g, 잣가루 30g

만드는 법

1   4가지 묵을 2×7×0.5cm 크기의 골패 쪽 모양으로 썰어 바싹
    말린다.

2   말린 묵을 기름에 지져 기름기를 뺀다.

3   꿀을 바르고 잣가루와 계핏가루를 바른다.

4가지 색, 4가지 맛의 묵을 투명하거나 혹은 어둡게 말렸다가 튀겨 바탕을 만든다. 탱글탱글했던 묵이 말라가는 것을 지켜보는 것도 신기하다. 아기가 노인이 되는 것처럼 수분이 형태를 유지해준다는 진리를 보여준다. 마른 낙엽 같은 묵을 거둬다가 기름에 넣는 순간 마법처럼 순간적으로 묵이 살아 피어오른다. 청포묵은 노랗게 도토리묵은 갈색으로 메밀묵은 바랜 모래색으로 올방개 묵은 회색으로 그림을 그린다. 달짝지근한 맛은 꿀이 향기는 계피가 고소함은 잣이 가져다주니 묵은 바탕이 되어주면 그만이다. 묵강정은 언제든 만들 수 있고 바탕도 잘 일어나 손쉽게 만들 수 있다.

올방개는 사초과의 식물로 연못가에서 자라는 땅속줄기가 옆으로 뻗으면서 달린 덩이줄기로 만든 묵이 바로 올방개 묵이다. 올방개 묵은 식감이 쫄깃하고 위장을 튼튼하게 해주고 열을 내려 주며 몸의 부기를 빼준다. 단백질, 녹말이 많이 들어 있어 구황식으로도 쓰였으며 비타민과 무기질까지 풍부해 약재로도 쓰였다.

메밀도 도토리도 청포묵도 모두 칼로리가 낮으며 해독 작용을 해주는 식품으로 가끔은 이렇게 강정 형태로 만들어 먹어도 색다른 간식이 될 수 있다.

《조선요리법》에는 약과, 만두과 등 여러 가지가 나와 있으며 특히 싸라기
고물 만드는 법 등이 상세히 소개되어 있다.

우리나라는 원래 음식을 색스럽게 조금씩 담고 작게 만들었으나 조선 중기
이후 전란으로 나라가 어지럽고 세도가 성행하여 음식을 고봉으로 담아 차
려내기 시작했다고 한다.

유밀과 중 약과, 다식과, 만두과는 회갑이나 혼인 잔치 때의 큰상에 놓고
채소과는 제사상에 놓는 것임을 밝혀 음식하는 법과 격식이 잊혀 가는 것
을 안타깝게 여기고 조선 음식과 병과를 널리 알리는 데 힘썼다.

tip. 말린 묵을 튀길 때 기름이 튀 수 있어 주의해야 한다. 기름 온도가 너무 낮으면 때때히
게 튀겨질 수 있어 160도 정도에서 단시간에 부풀게 튀긴다.

향토 과자

평안북도는 구릉과 산지, 압록강과 청천강 사이에 평야 지대가 많아 충적토로 토질이 비옥해 곡물 농사가 활발하다. 평안남도는 주요 곡창 지대로 곡물과 사과, 배, 복숭아, 포도 같은 과수 농사도 발달했다. 특히 성천 약밤은 북한 특산물의 하나다. 평양은 평양 감사가 다스리던 지역으로 일찍이 음식 문화가 발달한 대도시였다. 녹두지짐이나 노치, 꼬리떡 같은 떡, 엿, 과줄, 태식 등 여러 가지 전통음식이 있다. 특히 평양 감홍로는 이강고, 죽력고와 함께 3대 명주의 하나로 〈정조지〉에도 제법이 나와 있다.

함경도
함경도 지방은 농경지가 적어 주로 콩, 조, 기장, 감자, 옥수수 같은 밭농사를 지었다. 과일로는 배가 많이 난다. 함경남도는 수산업이 발달했고 특히 배, 복숭아, 살구, 감, 사과를 많이 재배한다. 잔칫상에 올리는 기지떡, 꼬장떡, 과줄, 강정, 엿, 들쭉단묵, 감자엿 등이 있다.
황해도 지방은 서쪽에 연백평야 같은 곡창 지대를 끼고 있어 흰쌀, 목화, 누에고치가 생산돼 삼백(三白)이라고 불렀다. 쌀이 좋고 질이 좋은 녹두가 생산돼 녹두 음식이 발달했다. 《도문대작》을 쓴 허균은 개성 지역의 엿을 가장 상품이라고 했고 전주 것이 그다음이며 근래에는 서울 송침교 부근에서도 잘 만든다고 했다. 이밖에 개성지역의 특산물인 인삼정과, 복숭아과편, 약식, 개성 약과, 꿩엿, 개성 엿강정 등이 있다.

전라도
넓은 평야 지대에서 나는 쌀로 엿을 많이 만들어 먹었는데 찹쌀엿,

밤엿, 고구마엿 등을 만들어 먹었다. 큰 일교차를 가진 동부 산간 지역에서 재배하는 잡곡류와 곡식들은 유난히 맛이 달고 고소해 산서, 진안, 순창은 한과가 발달했다. 이 지역에서 산자를 만들 때는 콩가루를 넣는 경우가 많다. 과정류는 아니지만, 반찬과 과자의 성격을 지닌 부각류가 발달했다. 가죽잎, 풋고추, 특히 생강잎 부각은 봉동이 생강의 주산지인 만큼 이 지역의 특징적인 부각류로 볼 수 있다. 전주 지역의 백산자는 허균(許筠)의 《도문대작(屠門大嚼)》이나 이하곤(李夏坤)의 《남행집(南行集)》에 속명은 박산인데 전주에서만 만든다고 했다.

고구마엿, 콩과자, 순창 산자, 약과, 각색산자, 강정, 산서 산자, 유과, 진안 유과, 연근정과, 인삼정과, 들깨엿강정, 쌀강정, 밤엿, 삼계 쌀엿, 찹쌀엿, 가죽부각, 국화잎부각, 김부각, 풋고추부각, 연사자반, 들깨송이부각, 생강잎부각, 미역자반, 동아정과, 모약과 등이 있다.

경상도

불교와 유교 문화의 영향을 받아 술, 다과, 떡, 음청류 같은 의례 음식이 발달했다. 소박한 음식 역시 발달했으며 해산물이 풍부한 부산, 마산, 포항 같은 바닷가 도시들은 지역색에 맞는 별미 음식이 발달했다. 《도문대작》에 다식은 안동 사람들이 만든 것이 맛이 매우 좋다고 평했고 밤다식은 밀양과 상주 사람들이 잘 만드는데 다른 고을에서 만든 것은 매워서 먹을 수가 없다고 했다. 상주에서 나는 밤

은 작은데 껍질이 저절로 벗겨져 속칭 겉밤이라고 하고 그다음은 밀양에서 나는 밤이 크고 맛이 가장 좋고 지리산에서도 주먹만 한 큰 밤이 난다고 했다.

안동 소주, 안동 식혜, 감꽃부각, 감단자, 감자부각, 감자술, 감자정과, 하회 약과, 통영 약과, 대추징조, 대추초, 입과, 합천 유과 등이 있다.

강원도

감자, 옥수수, 메밀, 수수 같은 밭곡식과 도토리, 개암, 잣 같은 산에서 나는 열매와 산나물이 풍성했던 강원도 영서 지방의 특산물로는 메밀전병, 메밀두루말이, 메밀차, 메밀빙떡, 호박매작과, 잣박산, 잣강정, 잣편, 잣엿, 강냉이엿 등이 있다.

서울과 경기도

궁궐이 있고 사대부들이 모여 살던 한양의 격조 있고 화려하면서도 정갈한 음식들과 소박하면서 간이 세지 않은 경기도의 음식이 특징이다. 특히 여주의 쌀은 유명해서 차수(叉手)는 여주 사람들이 잘 만들며 희고 부드러워서 맛이 매우 달고 연하다고 품평했다. 여주의 특산품인 여주 땅콩엿강정과 여주 산병이 유명하다.
율란, 조란, 율무단자, 만두과, 밤초, 빙사과 등이 있다.

충청도

기교를 부리지 않고 소박하면서 깊은 맛을 내는 충남과 산이 많아 곡물이 생산되는 충북의 특징에 맞게 구성진 음식이 발달했다. 구기자쌀강정, 구기자약주, 구기자한과, 인삼주, 감자정과, 호박과편, 구절초엿, 송화쌀엿 등이 있다.

제주도

섬이라는 특성에 맞게 싱싱한 재료 본연의 맛을 살린 소박하면서 양념을 넣지 않는 음식이 발달했다. 산간 지역에서 나는 고구마, 메밀 음식도 발달했다.
감저떡, 절변, 꿩엿, 마농엿, 요애, 익모초엿 등이 있다.

절식지류 속의 한과

〈정조지〉 속 절기에 관련된 과정지류와《동국세시기(東國歲時記)》속 절기 한과

	정조지	동국세시기	비고 (동국세시기 음력 월 표시)
설날	떡국, 강정, 밀양시병	교아당, 약반	1
입춘	오신반	노비송편	2
정월 대보름	잡과반(약반), 원소병, 작율	두견화전, 수면, 마절편, 산 병, 오색환병, 대추시루떡	3
중화절	(음력 2월 1일) 송엽병(솔잎떡), 노비송편-필라, 자모만두	석남시루떡, 대추떡, 증병	4
중삼절	(음력 3월 3일 삼짇날) 두견화고, 향애단자, 탕평채	수리취떡, 제호탕, 옥추단	5
등석	(음력 4월 8일 석가탄신일) 느티떡(유엽병), 자두(삶은 콩)	분단, 상화병, 수단과 건다, 각서, 연병, 호박밀전병	6
단오	(음력 5월 5일) 수리떡(차륜병), 제호탕		7
유두	(음력 6월 15일) 수단(5가지 색깔의 사람과 짐승, 꽃과 과일 모양을 섞는다.) 상화병, 오이채만두(과사두)	오려송편, 무호박시루떡, 인 절미, 밤단자, 토련단자	8
삼복	개장국(구장)	국화전, 유자화채	9
중구	(음력 9월 9일) 국화떡(국화고), 꿀밤과자(밀오율니), 국화주	붉은팥시루떡, 쑥단자, 밀단고, 호병, 마병, 오색강정, 매화강정, 잣강정	10
동지	팥죽(적두죽), 전약	수정과	11

납평	납일고기(납육방), 참새전(황작전)		12
보유 (補遺)	설날: 초백주, 매화주, 교아당(물엿), 인일(음력 1월 7일)의 칠종채갱, 상원의 고죽, 보당퇴·오니당(맛있는 이당(백당)), 춘사반, 한식의 도화죽, 당죽(맥죽), (엿보리죽), 예락(엿죽), 조고(대추떡), 한구, 중사(음력 4월 4일)의 맥병, 중오(음력 5월 5일) 의 창포주, 각서(주악), 적분단(오색수단), 하지의 건종, 중육(음력 6월 6일)의 은묘채, 복날 떡국, 녹하포자, 칠석의 서미(기장미음), 화과, 중원(음력 7월 15일, 백중절)의 우란분병, 추사반, 중추의 월병(둥근 과병), 중구(음력 9월 9일 중양절) 마갈고, 춘란추국, 10월 1일의 진세수, 증과(과증, 곤 엿), 개로병 밀면(꿀에 반죽한 밀가루), 동지의 서고(기장떡), 혼돈, 납오(12월 5일)의 오두죽(벼, 기장, 과일과 콩), 육불일(12월 8일) 의 납팔죽-호두, 잣, 유병, 버섯, 감, 밤, 콩, 과일, 쌀 입오(12월 25일)의 잠화죽 팥, 대추, 밤, 쌀(구수죽)		

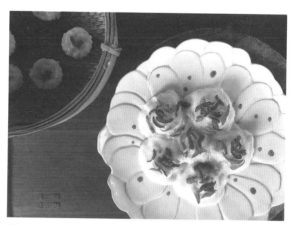

증병

제 4 장

현대편

음식이 교묘해지고 겉치레에 치중해 속 알맹이가 무엇인지 알기 어려운 세상이다. 한과는 우리 주변에 있는 재료들을 이용해 첨가물을 넣지 않고 만든 건강한 과자다. 전통적으로 즐겨 사용했던 마, 연근, 토란 같은 다양한 뿌리식물의 전분과 생강, 후추, 계피, 등 면역력을 올려주는 향신료를 써 기능을 살리고 당귀, 지치, 꽃, 잣, 흑임자 등을 이용해 고운 색, 건강한 색을 입혔다. 옥수수로 만든 물엿보다는 쌀 조청이나 꿀로 단맛을 냈다.
한과의 제법과 그 속에 담긴 조화로운 이치를 익혀 현대 우리에게 필요한 과자를 만들어 볼 수 있다. 현대 편에서는 전통에 담긴 지혜를 담아 14종의 과자를 만들어 봤다.

진달래 방울 산자

봄이 가려고 산등성이를 넘거든

재료: 말린 진달래 10g, 삭힌 찹쌀가루 200g, 콩물 10g,
소주 30g, 조청 60g, 기름 적당량

만드는 법

1 삭힌 찹쌀가루를 체에 내려 콩물과 소주를 넣고 뭉쳐질 정도로
   반죽한다.

2 베를 깔고 반죽을 찜기에 올려 투명해질 때까지 20분 정도 충분히
   찐다.

3 찐 반죽은 절구에 넣고 가는 실과 꽈리가 생길 때까지 높이
   들어올리며 쳐서 공기가 충분히 들어가게 한다.

4 친 반죽을 기름 바른 그릇에 옮겨서 3시간 정도 솔도록 둔다.

5 나무판에 쌀가루나 전분 가루를 뿌리고 반대기를 쏟고 위에 가루를
   뿌리고 밀대로 살살 민 후에 2×2×1.2cm 두께로 잘라 말린다.

6 다 마르면 가루를 털고 90도로 달군 기름에서 커지려고 하면 160도
   기름에서 크게 부풀린 후 써내 기름을 빼고 소성을 묻힌 후 진달래
   가루를 묻힌다.

잎도 달리기 전 아직은 추위가 숨어 있는 숲속 투명한 햇살에 몸을 맡긴 보라색 진달래가 함초롬하게 피어 있다. 살짝살짝 포개진 꽃잎에 아련함이 느껴져 진달래는 우리 민족의 사랑을 받아왔다. 여린 듯 강인하고 순박한 듯 화려한 진달래의 모습을 가슴에 담을 시간도 없이 져버린다. 시간의 유한함을 보여주는 진달래를 붙잡아 두고 싶었다.

꽃잎이 앞다퉈 비처럼 내리는 어느 날 문득 가버린 진달래의 선연함이 아쉬워 고운 진달래 빛을 한과에 담아 보았다. 나비를 품은 하얀 누에고치 위로 진달래꽃이 날아와 앉았다. 이보다 더 가벼울 수는 없다.

진달래의 영양 탄수화물과 소량의 단백질, 지방, 나트륨을 포함하고 있다. 진달래는 먹을 수 있어 참꽃이라고도 불렸다. 말린 진달래꽃은 염증을 제거하고 혈액순환을 좋게 하며 해독 작용이 있다. 신경통과 진해 거담 해소에도 도움이 된다. 피부질환을 완화해주는 효과가 있어 여러모로 갱년기 여성들에게 유익한 꽃이다. 다만 저혈압인 사람은 진달래가 혈압을 떨어뜨리는 작용이 있으니 주의해야 한다.

tip. 진달래는 독이 있는 수술을 빼고 살짝 찐 후에 말려 가루를 낸다. 진달래는 고운 가루
와 거친 가루 2가지로 준비해 합한다.

콩물을 산자바탕 반죽에 넣는 이유

　　콩즙은 염색을 할 때도 염료의 흡수를 도와주는 역할을 해 색이 진하게 먹도록 도와준다. 콩속에 들어있는 단백질 성분이 피막을 형성하고 이대로 건조시키면 색이 훨씬 잘들고 색상도 잘 빠지지 않는다고 한다. 콩물은 갈은 찌꺼기가 들어가지 않게 고운 베보자기에 넣고 주물러야 나중에 고르게 먹는다. 콩을 찧은 후 6배 정도의 물을 붓고 주무른다. 주로 식물성염료를 들이는 한과에도 같은 원리가 적용된다. 콩즙을 진하게 달여 도료로 쓰는 방법이 《임원경제지》에 소개되어 있다. 콩즙은 광택이 진짜 칠보다 낫고 각종 생활용품이나 여기저기 주거공간에 방수재로 사용되었다. 이처럼 콩즙이 들어가면 한과바탕도 더 윤기가 나면서 조직이 더 잘 바삭하게 살아있도록 해준다.

강수를 활용한 생강수염 산자

생강 향이 그윽한 건강 산자

재료: 발효 찹쌀가루 200g, 생강청 50g, 청주 20g, 브랜디 10g,
생강즙 30g, 기름 400g, 잣 20g, 쌀튀밥 50g, 설탕 조금

만드는 법

1 생강은 강수(생강수염, 생강뿌리)와 생강, 붉은 생강대까지 모두
  청주, 브랜디, 물을 넣고 함께 곱게 간다.

2 갈은 생강즙을 고운체에 걸러 가라앉힌다.

3 찹쌀가루에 생강청과 강황가루를 넣고 반죽해 반대기를 만든다.

4 물을 끓여 구멍 뚫린 반대기를 넣고 떠오를 때까지 삶는다.

5 익은 반대기를 건져 물기를 빼고 절구에 넣고 실이 생길 때까지
  15분 정도 힘껏 친다.

6 기름 바른 그릇에 넣고 표면이 마르지 않도록 설탕을 뿌리고 기름을
  바른다.

7 2시간 정도 지나 다루기 편해지면 도마에 쌀가루를 뿌리고 바탕을
  밀어 2×6cm 정도 크기로 자른다.

8   따뜻한 곳에서 충분히 말린 후 미지근한 기름에 15분 정도
    불리면서 천천히 튀기다가 180도 기름에서 마저 튀긴다.

9   기름기를 뺀 후 생강조청을 바르고 원하는 옷을 입힌다.

tip.   생강의 강수까지 포함해 갈아 가라앉히면 녹말이 많이 생긴다. 생강의 웃물은 따라 버
    리고 전분을 넣으면 반죽이 훨씬 향기롭다.

전주의 풍속과 토산물을 노래하다 장난삼아 오체(吳體)로 짓다(述本州風俗土産 戲爲吳體 進退格).

전주의 풍요로움 팔도에 드물고
토속 민풍이 도읍과는 다르네.
추녀는 누런 머리카락에 말아 올린 머리 삐딱하고
약삭 빠른 녀석은 하얀 얼굴에 산뜻한 옷으로 갈아입었구나.
마을 사람들은 패랭이 쓰기를 좋아하고
가게에는 모두 백산자가 놓여 있네.
생강수염으로 만든 절임은 그 맛이 일품이니
북쪽 객은 새 맛을 보고는 돌아갈 길 모르네.
全州饒富八道稀 土俗民風異京師
醜女髮黃偏大髻 狡童面白更鮮衣
居人愛戴平涼子 列肆都排薄散兒
薑鬚作葅味寂美 北客新嘗頓忘歸

－ 이하곤(李夏坤, 1677~1724)의 시

이하곤은 산수 여행을 좋아한 선비로 진사시에 합격했지만 벼슬을 하지 않고 고향 진천에서 학문과 글씨, 그림 그리기에 전념했다. 그가 1722년 호남을 유람하며 남긴 《남행집》이라는 시집에 전주의 시장을 둘러보고 남긴 기록이다. 그는 시를 짓는 것은 초상화 그리는 것과 같아 터럭 하나라도 있는 그대로 실감나게 묘사해야 한다는 지론을 가지고 있었다. 기름진 시냇가 밭에 모두 생강이 심어져 있다고 했다. 쌀, 생강, 좋은 엿이 있어 전주는 한과가 풍부하고 맛있을 수 있었다.

박산과 강수의 결합은 당연한 거다. 쌀과 생강이 전국에서 가장 풍부한 곳이 전주였으니 서로 잘 어울리는 조합이다. 하늘로 자라는 쌀과 땅속으로 자라는 생강, 그리고 까락과 수염, 생강수염은 아는 사람만 안다. 따갑지 않은 수염은 향기롭기 그지없다. 코끝을 상쾌하게 가르는 풀잎 향은 하늘을 품었다. 모강(母薑)과 쌀알은 자신을 내주고 많은 이 땅의 자식들을 먹여 살리는 어미를 닮았다. 생강, 강황가루가 함께 들어가 면역력까지 향상시켜 주는 민생 과자다.

전주 생강과 박산(薄散)

　　겨울이면 이하곤(李夏坤, 1677~1724)의 〈전주의 풍속과 토산물을 노래하다. 장난삼아 오체(吳體)로 짓다(述本州風俗土産 戲爲吳體 進退格)〉라는 시가 생각난다. "전주의 풍요로움 팔도에 드물고 토속 민풍이 도읍과는 다르네. 추녀는 누런 머리카락에 말아 올린 머리 삐딱하고 약삭빠른 녀석은 하얀 얼굴에 산뜻한 옷으로 갈아입었구나. 마을 사람들은 패랭이 쓰기를 좋아하고 가게에는 모두 백산자(白散子)가 놓여 있네. 생강 수염으로 만든 절임은 그 맛이 일품이니 북쪽 객은 새 맛을 보고는 돌아갈 길 모르네.(全州饒富八道稀 土俗民風異京師 醜女髮黃偏大髻 狡童面白更鮮衣 居人愛戴平凉子 列肆都排薄散兒 薑鬚作菹味尤美 北客新嘗頓忘歸)"

이 시에는 전주 생강과 박산(薄散)이 소개된다. 박산은 백산자(白散子)를 말한다. 이하곤은 1722년 전라도 일대를 유람하는 길에 전주에 들러 시장을 본 기록을 남기고 있다. "12월 12일 박지수와 경기전(慶基殿)에 갔다. 민지수도 왔다. … 회경루에 올라 시장을 바라보았다. 수만 명의 사람들이 빽빽이 모인 것이 흡사 서울의 종로의 오시(午市) 같았다. 잡화가 산더미처럼 쌓였는데, 패랭이와 박산이 반을 차지했다." 또 《남유록(南遊錄)》은 이하곤이 호남 지방을 유람하면서 견문한 내용을 기록한 바, "전주 시장에 진열된 상품 중에 평량자(平凉子)와 박산(薄散)이 그 반을 차지한다."고 한 것이 바로 그것이다.

백산자는 전주에서만 만드는 음식으로, 산자에 잣이나 호두를 붙인 과자의 일종이다. 이는 찹쌀 반대기를 튀긴 쌀로 만든 조청에 담갔다가 고물을 묻혀 만든 한과를 의미한다. 전주의 시장에서 가장 많이 팔린다는 박산은 요즘 말로 하자면 쌀강정이다. 박산을 전주에서 잘 만드는 것은 엿이 좋기 때문이다. 허균은 《도문대작》을 통해 "개성 엿이 상품이고

전주 엿이 그다음이다. 요즘은 서울 송침교 부근에서도 잘 만든다."라고
했다. 전주의 엿은 전국에서 두 번째였다고 했다. 그는 또 '백산자'를 소
개하면서 "백산자(白散子)의 속명은 '박산'으로 전주 지방에서만 만든다."
라고 했다(白散子, 俗名薄散, 唯全州造之.) 전주가 품질이 좋은 엿의 생산
지였기 때문이다. 《세종실록》 3년(1421) 1월 13일조에 의하면, 예조에서
진상하는 물목을 아뢰면서 "백산엿은 오직 전주에서만 만드는 것"이라
고 하고 있으니, 그 전통은 상당히 오래된 것이다. 산자는 고물의 색에
따라 홍산자, 백산자, 홍백산자 등으로 나뉜다. 오는 7일이면 대설이다.
이날 눈이 온다면 사방 20cm가 넘는 넓적하고 두꺼운 떡으로 입에 물면
바스스 부서지면서 사르는 녹는 맛이 일품인 눈처럼 희고 소담한 백산자
를 먹고 싶다.

이종근(새전북신문 기자)

3색 트리니티 과자

서로 다른 그러나 조화로운 3가지

재료: 피-밀가루(중력분) 200g, 70도의 물 100g, 소금 2g
소- 말린 가지 16g, 고기(차돌박이 60g, 돼지고기 비계 60g), 당근 60g,
소금 3g, 설탕 30g, 후춧가루 1g, 참기름 20g
튀김 기름-식용유 400g
가지 양념: 소금 0.5g, 간장 5g, 후춧가루
당근 양념: 참기름, 소금 0.5g, 후춧가루
고기 양념: 간장 5g, 참기름, 후추, 청주 5g, 생강가루 1g

만드는 법

1 밀가루는 소금을 넣고 체에 쳐서 뜨거운 물을 부어 반죽한다.

2 반죽은 30분 정도 휴지시킨다.

3 반죽을 밀대로 밀거나 국수틀에 넣어 0.4cm 정도로 얇게 편다.

4 10×7cm로 만든 반죽에 얇게 켜 쳐서 디긴 후 서은 밀근, 뜨끼운
물에 북려 물기를 짜고 썰어 양녀 후 본은 가지, 가늘게 켜 썬어
양념해 볶은 고기를 1개씩 말아 준비한다.

5   양끝을 손끝으로 눌러 끝을 잡고 늘리면서 비틀어 고리 모양으로
    연결한다. 3개의 고리를 맞물린다.

6   콩기름과 참기름에 170도에서 튀기고 기름을 뺀 후 뜨거울 때
    설탕을 뿌려 낸다.

tip.   속에 들어가는 재료는 수분이 나오지 않게 볶는다.

참기름과 후춧가루는 전체 양에서 나눠 쓴다. 피에 소를 넣기 전에 참기름을 펴 바른다. 빛깔을 내려면 튀김 기름에 참기름을 조금 넣는다. 설탕에도 계핏가루, 생강가루, 남은 후춧가루를 섞어 뿌리면 시원하면서 더 감미롭다.

떡과 만두와 과자는 서로 사촌지간 같다. 〈정조지〉 권2 취류지류(炊溜之類) 떡 편을 보면 떡은 곡물의 가루를 이용하고 소를 넣거나 넣지 않을 수도 있고 기름에 지지거나 튀길 수도 있다. 혼돈은 소를 넣어 모양을 빚은 떡이고 전병은 소를 넣고 말아 기름에 지지거나 튀겨서 만든 떡으로 만두와 비슷하다. 유협아(油兒方)와 겉에 맥아당을 바른 육병(肉餠)도 만두와 떡과 과자의 성격을 다 가졌다. 당박취(糖薄脆)는 두부과자 맛의 참깨 전병이다.

기름에 지지거나 튀긴 떡들은 과자와 떡과 만두가 서로 만나 사이좋게 있는 모습이다. 여기에 빵의 모습도 들어가 있다. 이렇게 서로 닮은 꼴인 이유는 중동, 중앙아시아, 중국, 우리나라, 일본이 육로나 해상 무역을 통해 서로 영향을 주고받은 흔적들이다.

황해도는 고려 때까지 중국과의 교역 통로였고 함경도는 일찍이 여진족 등 외침을 많이 받은 곳이다. 이들의 음식 문화도 같이 들어와 서로 영향을 주고 받았다. 중국의 병을 우리는 과자로 여기기도 한다. 해주, 개성, 사리원 등지는 만두, 떡, 과자 등 화려한 음식 문화가 발달한 곳이다. 재미있는 관계를 생각해 3가지의 요소가 모두 들어가 있는 고리를 만들어 봤다. 달고 고소하며 속이 찬 식사 대용 과자로 간단한 요기도 된다.

소고기는 기름이 맛있는 차돌박이를 돼지고기는 비계를 넣어 볶았고 그 기름에 말린 가지를 불린 후 볶아 부드럽고 꼬독꼬독하게 씹는 식감을 살렸다. 당근도 기름에 볶으면 달고 향기롭다.

청계닭알 과자

청잣빛 알에 담긴 건강함

재료: 피-쌀가루 100g, 밀가루 30g, 막걸리 50g,
당귀잎즙 20g, 설탕 20g, 소금 2g
소-청계알 3개, 소금 2g, 다진 당귓대 10g, 산초 가루 0.5g,
식초 10g, 소금 2g, 식용유 250g

만드는 법

1   쌀가루와 밀가루, 설탕, 소금을 넣고 고운체로 친다.

2   당귀잎즙과 막걸리를 넣고 반죽한 후 35도에서 2시간 정도
    발효시킨다.

3   그사이 청계알은 식초와 소금을 넣고 7분 정도 삶는다.

4   찬물에 담가 껍질을 벗겨 다지고 당귓대다진 것과 소금, 산초 가루를
    넣고 소보로 형태로 으깬다.

5   반죽이 부드럽게 발효되면 13g씩 떼어 소를 넣고 둥글게 경단을
    빚은 후 젓가락으로 눌러 호두 모양을 만든다.

6   기름 온도가 160도 정도 되면 굴려가며 고르게 색이 나게 튀긴다.

7   건져서 기름을 빼고 먹는다.

tip. 청계란은 42g, 일반 달걀은 63g 정도 나간다. 청계란은 노른자가 크고 오리알처럼 맛이 진한 편이다. 소보로를 만들 때 조선간장을 함께 넣어 간을 맞추면 짭짤하면서도 고소한 맛이 배어 소화가 더 잘된다.

암탉이 알을 낳으려면 긴장이 되는 모양이다. 홰에 앉아 한참을 큰소리로 울더니 알을 낳는다. 수탉은 위험을 경고하며 날갯짓을 해 암탉들에게 알린다. 푸드득 푸드득 날아다니는 닭을 보며 닭이 새라는 사실을 깨닫는다. 너무 자연스럽고 평화로운 닭들의 모습에 건강한 청계알로 과자를 만들어 봤다. 청계알의 푸른빛은 고려비색이라 해서 고도의 기술이 필요했던 청자색을 띠었다. 천성대로 살며 낳은 알은 색깔도 크기도 제각각이다. 당귀잎으로 반죽하면 쑥의 진하고 탁한 색과 달리 청아한 향과 함께 단아한 옥색이 된다.

청계닭알은 일반 계란과 달리 단백질 함량이 높고 지방과 콜레스테롤 수치는 낮다. 스스로 이런저런 곡식과 채소를 쪼아 먹고 무리와 함께 지내 껍질이 두텁다. 알아서 털도 고르고 털갈이도 해 건강한 알을 낳는다.

청계닭은 칠레, 미국, 우리나라 토종닭의 교잡으로 얻어진 품종이라 관상용으로도 인기가 높고 콜레스테롤 걱정없이 꾸준히 먹을 수 있다.

당귀의 어린 순을 따서 함께 쓰면 향이 은은하면서 난류의 비린맛을 없애주고 피를 맑게 해준다. 물 빠짐이 좋은 곳에서 자란 당귀와 청계의 푸른빛 활력은 먹는 사람에게도 그대로 전달된다.

당귀의 잎은 뾰족한 듯하면서 연한 것이 신경질적인 선비를 닮았다. 잎이 두텁기 않이 추러커기는 못기기 ㅇ기ㄴ 있ㅇ 보면 ㅅㅇ 피빙ㅣ피ㄷ이비.

울안콩 강정

콩이 가진 영양을 담은 과자

재료: 굼벵이동부 77g, 붉은강낭콩, 검은동부 78g, 호두 48g, 다시마 10g,
건포도 20g, 알룰로스 50g, 꿀 32g, 소금 2.5g, 물 300g, 기름 300g

만드는 법

1 3가지 콩은 8시간 정도 미리 물에 불려 둔다.

2 호두는 뜨거운 물에 20분 정도 담가 떫은맛을 빼고 속껍질을 벗겨
   준비한다.

3 다시마는 사방 1cm 잘라 둔다.

4 준비한 재료와 알룰로스, 꿀, 물을 붓고 물이 졸아들 때까지
   약불에서 졸인다.

5 전체적으로 윤기가 나면서 실탕즙이 1/3 정도 남은 상태에서 불을
   끄고 건져 남은 물기를 빼준다.

6 140도의 기름에서 고루 튀겨준다 기름기를 빼고 시으며 그릇에
   담는다.

tip. 중간중간 뒤적여 주어 윤기가 고루 나게 해준다. 센불에서 졸이거나 설탕 농도가 높으
면 콩이 쭈글거리며 딱딱해진다.

콩은 오래전부터 대체 식량으로 중요한 역할을 했다. 다른 곡류에 비해 두부 같은 가공식품을 만들거나 메주를 빚어 간장, 된장, 고추장 같은 장류는 물론 미숫가루나 죽, 떡, 과자 등 한식의 근간을 이루는 필수 식재 역할을 해왔다.

슈퍼나 마트에는 없지만 시장에 가보면 할머니들이 계속해서 씨앗을 받아 재배해온 콩이나 경험적으로 밥에 놓아 먹어보면 맛있는 콩들을 조금씩 가지고 나와 파는 경우가 있다. 먹거나 종자로 남겨두고 남은 거라 절대량은 적지만 콩을 생산하고 요리까지 해본 판매자라 맛이 보장된다.

굼벵이동부콩, 붉은강낭콩, 검은동부콩 이 3가지로 오미(五味)를 가미한 과자를 만든다. 동부콩은 주로 남부 지방에서 떡의 소나 밥밑콩으로 허물없이 쓰이던 콩이다. 붉은강낭콩은 호랭이콩 사촌이라고 내력을 소개하시는 게 정답기만 하다.

밥밑콩으로 까다로운 어머니들의 선택을 받으려면 밥과 함께 빠르게 잘 익고 맛이 포근포근해야 하며 풋내나 비린내가 안 나 밥의 순수한 맛을 해치지 않고 쌀과 잘 어우러져야 한다. 밥밑콩이라는 역할에 잘 맞는 콩을 골랐던 셈이다. 그리고 무엇보다 주변에서 쉽게 구할 수 있거나 키울 수 있어야 했다.

〈정조지〉의 흑두초라는 콩 조림 만드는 법에 보면 다시마가 윤기를 내는 역할을 하고 꿀로 단맛을 낸다. 다시마의 특성을 잘 활용한 방법이다.

데칼코마니로 찍은 나비 같은 호두알의 모습은 사람도 이걸 먹고 균형 잡힌 건강한 사고를 하라는 자연의 언어 같다. 콩강정은 간장을 조금 넣으면 반찬처럼 먹을 수 있어 여러모로 쓸모가 있다.

동부는 신장을 꼭 닮아 《본초강목》에도 신장을 보하고 위장을 튼튼하게 하고 오장을 고르게 하며 혈액순환을 촉진한다고 한다. 굼벵이동부는 각이 져 있어 모양이 구분된다. 칼륨과 식이섬유가 많아 독소 배출을 해주고 탄수화물 함량이 높아 소화도 잘된다.

3가지 무와 연근 산자

소화가 잘되는 산자

재료: 무즙 15g, 순무즙 15g, 자색무 25g,
연근 15g, 찹쌀가루 400g을 반죽해서 123g씩 4개로 나눔
고물: 검은콩가루 20g, 흑설탕 30g, 핑크솔트 1g, 후추 1g, 생강가루 1g,
계핏가루 2g, 강황 1g, 덧가루로 옥수수 전분, 튀김 기름 적당량

만드는 법

1   각각의 재료들을 모두 갈아 즙을 내서 준비한다.

2   찹쌀가루 반죽을 해서 4등분 한 후 구멍떡을 만들어 물에 삶아
    건지고 실이 나도록 친다.

3   표면에 기름과 설탕을 발라 솔게 한 후 전분을 뿌린 후 펴서 모양을
    만든 후 원하는 크기로 잘라 말린다.

4   가루를 털어내고 90도에서 한 번 160로 올려 기름에 튀긴 후 건져
    고물을 뿌려준다.

tip.   원하면 꿀이나 조청을 바른 후 고물을 뿌려도 된다.

바탕을 치다보니 이제 슬슬 감이 생긴다. 처음에는 그저 심드렁하니 뻣뻣하거나 맥없이 있던 바탕이 치면 칠수록 약이 올라 쭉쭉 늘어나면서 조직이 얇아지고 가장자리에 실이 나고 주변에 꽈리가 생긴다. 풍선껌을 누가누가 크게 부나 단물을 빨아 먹고 맹렬히 씹어 크게 풍선을 불어 우쭐하던 기분도 잠시 터져 얼굴과 머리카락에까지 붙어 떼느라 난감했던 생각이 난다.

헉헉 치는 사람의 숨소리도 거칠어 지고 바탕반죽도 뻐걱뻐걱 가쁜 숨을 몰아 쉴 무렵 누에고치가 명주를 뽑듯 찹쌀실에 윤기가 자르르 돈다. 이제 멈출 때가 됐다.

반죽을 한 후 구멍떡 모양을 만들어 삶아서 떡을 만들어 치는 방식이 직접해보니 여러모로 편리하다. 일단 양을 조절하기 쉽고 익으면 떠오르기 때문에 너무 오래 쪄질 위험도 없고(너무 오래 쪄지면 반죽이 누렇게 변해 노화돼서 잘쳐지지 않는다.) 습기가 있어 잘 떨어진다.

잘 쳐진 바탕은 뽀얗게 풀어지면서 진주처럼 윤기가 나고 기포가 올라온다.

쳐진 반죽의 표면이 마르지 않도록 식용유와 설탕을 조금 발라준다.

치다가 수분이 부족해 보이면 갈은 즙을 추가로 쳐 가며 치면 반죽에 엉긴 덩어리가 펴지면서 고르게 잘 늘어난다.

덧가루는 옥수수 전분이 뽀얗고 깨끗하며 남아도 바삭하고 깨끗한 식감을 만드는 데 도움을 준다.

순무는 즙이 많이 나오지 않지만 넣고 치면 발효를 활발하게 해주는 효소가 많아 계속 가스가 나온다. 그래서인지 순무를 넣은 찹쌀바탕은 반죽이 아기 볼처럼 잘 올라오고 알도 잘 차고 부드러우면서 바삭하다.

자색무는 빛이 곱고 연근반죽은 진줏빛 광택이 올라온다. 녹색 부분을 살린 무는 반죽이 연화되어 소화된 느낌이 든다. 모두 조금씩 성격이 다른 반죽이 나온다. 치면 칠수록 응어리가 풀리고 어우러지면서 감기는 느낌이 생긴다. 높게 쳐줘 공기를 많이 넣어 준다.

결과적으로 자색무와 순무로 만든 바탕이 효소가 많아서인지 산자가 잘 일어난다. 결이 곱기는 순무가 으뜸이요, 잘 부풀기는 자색무요, 고소한 맛은 연근이고 무는 조금 거친 질감이 느껴진다.

순무에는 디아스타아제라는 성분이 있어 소화에 도움을 준다. 비타민 C와 안토시아닌 색소가 들어 있어 항산화 성분이 풍부하다.

따뜻한 성질에 단맛이 나는 순무는 글루코시놀레이트 성분이 들어 있어 간 질환에 도움을 준다. 여러모로 순무산자는 건강한 산자다.

토종 찹쌀 활용 산자

잊혀졌던 보물의 발견

재료: 비단찰 200g, 콩물 2g, 소주 4g, 물 26g
까투리찰 200g, 콩물 2g, 소주 4g, 물 35g
구령찰 200g, 콩물 2g, 소주 4g, 물 31g
멧돼지찰 200g, 콩물 2g, 소주 4g, 물 35g,
새싹 보릿가루 묻힌 찹쌀튀밥 각각 2컵씩, 찹쌀튀밥, 조청 100g,
기름 적당량, 전분 적당량

만드는 법

1 각각의 찹쌀을 삭혀 가루로 만든 후 분량의 재료를 넣고 반죽한다.

2 구멍떡을 만들어 삶고 건져 실이 나도록 친 후 표면에 설탕과
   기름을 바르고 솔게 둔다. 전분을 뿌린 후 펴서 모양대로 자르고
   말려 가루를 털고 90도에서 한 번 160도에서 완전히 튀긴다.

3 조청을 바르고 준비한 튀밥을 묻힌다.

tip. 찹쌀이 각각 삭는 속도가 다르므로 유의한다.

4가지 토종 찹쌀을 활용해 바탕을 만들었다. 비단찰은 역시 윤기가 나고 신축성도 좋으며 반죽이 다루기가 좋았다. 윤기가 흐르며 실도 잘 난다.

까투리찰은 칠 때 점도가 떨어지고 덜 매끄러우며 된 풀죽같아 신장성이 떨어져 개수는 가장 많이 나왔다. 가공하기 편하다.

구령찰은 까투리찰보다 점성은 좋으나 끈적임이 깔끔하지는 않다. 제자리로 돌아가려는 성격도 강하다. 잘 늘어나지 않는다.

멧돼지찰은 반죽이 잘 늘어나고 말을 잘 듣지만 점성은 떨어진다. 보라색이 곱다.

비단찰은 가장 많이 부풀어 올랐다. 조직이 곱고 치밀하며 안정적으로 일어나는 것은 까투리찰이 뛰어나다. 멧돼지찰은 두 번째로 잘 일어나고 감칠맛이 느껴진다. 구령찰은 잘 일어나지 않는 편이라 한과 만들기에는 적당하지 않다. 구령찰만 빼고는 나름대로 괜찮은 편이다. 바나나킥 비슷한 조직은 비단찰과 멧돼지찰이, 치밀한 조직은 까투리찰이 제일이다. 까투리찰이 색도 가장 뽀얗게 나온다.

토종 찹쌀을 삭혀 만든 한과

비단찰, 여성스럽고 고상한 귀부인

금나(金糯)라고 불리던 비단찰은 금박처럼 빛나는 화려한 까락을 두른 찹쌀이다. 만생종으로 쌀알은 좁쌀 진주처럼 작고 백색을 띄고 있다. 쌀알이 작지만 야무지게 생긴게 여러 쌀 중에 돋보인다. 조선시대 남부지방과 평안남도 진남포의 평야지대와 황해도 황주의 비옥한 토지에서 재배됐다.

비단찰을 물에 깨끗이 씻어 담근 후 20도 상온에 두고 10일후 열어 봤더니 은은하면서 잘 익은 술향기가 난다. 골마지가 많이 끼지 않고 가장자리에 노란 우가 조금 붙어 있다. 담근 물도 맑고 쌀알은 모양을 잘 유지하고 있지만 으깨보니 바로 뭉그러진다. 술이나 과자를 빚기에 최적의 찹쌀이다. 향이 고상하고 독하지 않아 품위가 느껴지는 가공품이 나올 수 있는 품종이다. 부패가 아니라 자연발효가 서서히 진행되고 있다.

까투리찰, 어린 암꿩 닮은 수수함

까투리찰은 한자 이름으로 차치나(雌稚糯)로 부르는데, 자치나는 어린 암컷 새를 뜻한다. 만생종 벼로 까락이 없고 표면에 줄무늬가 있다. 생쌀을 씹으면 뒤에 구수한 맛이 올라온다. 찰기는 적당하고 남부지방 전역에서 재배했다.

씻어서 10일 정도 담가두면 처음에는 부패한 듯 이취가 올라오지만 잠시 후 진하고·남성적인 쉰 향이 강하게 올라온다. 물이 비단찰보다 부옇고 거품이 탁하게 올라온다. 향은 발효향이고 막도 길게 형성돼 거친 맛의 음료로 가공할 수 있다.

구령찰, 고약한 뒷집 영감님

구령찰은 사람의 근본 신기(神氣)를 뜻하는 아홉 가지 구령(九靈)을 다 채워주는 쌀이라는 믿음에서 붙인 이름이 아닐까 추측해 본다. 구령은 천생(天生), 무령(武靈), 현주(玄珠), 정중(定中), 자단(子丹), 뇌뇌(雷雷), 단원(丹元), 태령(太靈), 영동(靈童)의 사람 몸 가운데의 근본 신기(神氣)를 말한다. 까락이 없고 찰기가 강하다. 평안남도 강서, 상원, 용강 등지와 황해도 황주, 함경남도 홍원에서 재배했다.

당황스러울 정도로 부패취가 난다. 물의 탁도가 높고 막과 기포가 표면에 형성되어 있다. 쌀알은 여전히 단단하다. 손에 묻은 냄새가 씻어도 잘 빠지지 않을 정도다. 부패가 되면서도 자신은 삭지 않은 걸로 봐서 야생성이 강해 보인다. 이름을 믿고 기다려 봐야겠다. 고약한 냄새지만 푸른 곰팡이치즈나 삭힌 홍어처럼 중독성이 있을지도 모른다.

일반찹쌀, 순둥순둥 동네 막둥이

향이 약하고 풀냄새가 난다. 기포형성이 고르게 되어 표면에 떠 있다. 진한 갈색의 막이 벽에 붙어 있다. 물은 비교적 맑은 편이다. 개성은 없어 보이지만 무난하게 발효한다.

멧돼지찰, 오방색 곰팡이 핀 까치동 꼬마

멧돼지찰은 멧돼지를 닮아 쌀알이 반은 검고 반은 흰색으로 반달처럼 나누어져 있다.

까락도 검고 거칠거칠하게 생겨 성난 멧돼지가 털을 바짝 세우고 있는 모습을 연상시킨다. 대가 굵어 익어도 고개를 숙이지 않고 낱알수가 많이 맺히는 편으로 경기도 지역에서 주로 재배했던 것으로 보인다. 만생종으로 외모만큼 늦게까지 논에 남아 있다. 자연변이에서 전남 장흥군 이영동농부가 육종한 품종이다. 맛이 좋고 찰기가 오래가 한과를 만들기에 가장 적합한 품종이라고 한다.

석임을 만들어 보면 매우 다양한 곰팡이가 피어 있다. 곰팡이 냄새가 큼큼하게 난다. 노랑, 주황, 녹색, 푸른색, 흰색, 검은 곰팡이가 모두 고르게 피어 있다. 곰팡이가 각자 세력을 유지한채 섬처럼 떠 있다. 쌀알은 무르게 짓물러 손가락으로 누르면 모두 으깨진다. 곰팡이가 살기 좋은 조건인지 맛있는 가공품이 될지 정갈한 비단찰과 가장 비교가 되는 품종이다. 가공품의 맛에 어떤 영향을 미칠지 기대된다.

쌀농사와 한과

도작문화권인 우리나라 사람들에게 쌀은 곡식이상의 의미를 지닌다. 밥은 최고의 음식으로 밥을 먹게 해주는 하늘과 땅에 감사하는 농경의례와 추석 같은 명절이 생겼다. 밥, 떡, 떡국, 죽, 면, 만두, 미숫가루, 한과, 장, 식초, 술, 김치, 부각, 식혜, 조청, 엿, 누룽지까지 주식부터 부식, 후식, 음료까지 거의 모든 한식의 먹을 거리를 쌀로 만들었다. 벼가 익어 고개숙인 모습을 보고 겸양의 덕을 배웠고 일렁이는 황금물결의 노래를 들으며 노동의 고귀함을 익혔다. 영근 낟알을 탈곡하고 도정해 얻은 쌀알은 하늘과 땅, 사람이 만든 합작품이었다. 쌀로 키우지 않은 사람이 없으며 조청과 식해의 단내가 나면 명절의 설렘이 가득했다.

감사의 마음으로 올리는 의례음식에 쌀로 만든 음식이 반드시 올라갔다. 한그릇의 메와 갱으로는 정성과 공경을 떡과 과자로는 기쁨과 애도를 풍부하게 표현했다.

외과와 법제과가 과실과 향약을 이용해 약성을 활용하는데 주안점이 있다면 한과는 순수하게 과자의 영역이다.

한과는 우리나라 사람들이 오랜 세월에 걸쳐 발달시킨 고유의 과자다. 과자의 이름에도 주변의 식물이름이나 동물의 모양이 반영되어 있다. 여뀌, 매화, 홍요화, 누에, 밤, 대추, 생강, 태극 등 미감과 풍요로움을 상징하는 직관적인 이름들로 친숙하게 불렸다.

박산, 뺑과자, 강정, 산자, 이제는 도리어 전통한과라는 이름에 뭉퉁그려져 정확한 명칭도 이야기도 잃은 채 다시 알아야할 과자가 되었다. 소비되는 전통인지 시간을 가지고 알아가는 전통인지 혼란스럽기도 하다. 왜? 무엇을 이라는 의문이 머릿속을 떠나지 않는다. 삶이 이어져 내려오며 만들어진 전통은 수제, 다양성이 전제될때 빛을 발한다. 공장제와 수공예에 대한 갈등과 거부감, 가치평가는 사회전반에서 반복되는 현상이다.

한과는 대표적으로 손이 많이 가는 수공예제품이다. 자기 지역에서 나는 토종작물을 이용해 과자를 만들고 작물이 과자성질과 잘 맞아 질좋은 과자가 생산된다. 도문대작 속 백산자는 속명은 박산인데 전주지방에서만 만든다. 다식은 안동사람들이 만든 것이 맛이 매우 좋다. 밤다식은 밀양과 상주사람들만이 잘 만드는데 다른 고을에서 만든 것은 매워서 먹을 수가 없다. 상주의 밤은 작아도 껍질이 저절로 벗겨져 겉밤이라고 하며 그 다음은 밀양에서 나는 밤이 크고 맛이 가장 좋다. 차수는 여주 사람들이 매우 잘 만든다. 희고 부드러워서 맛이 매우 달고 연하다. 엿은 개성의 것이 상품이고 전주 것이 그다음이다. 근래에는 서울 송침교부근에서도 잘만든다. 임실엿이 지금도 유명한 이유다.

한과가 유명한 지역은 쌀농사를 지어 부유한 토반이 많은 지역에서 발달한 경우가 많다. 개성, 전주, 여주가 자주 등장하는 이유다.

홍국 석임 과자

발효의 모든 것을 모아서

재료: 막걸리, 이스트, 찹쌀가루 삭힌것, 밀가루,
타피오카 전분, 탕종법, 설탕, 콩즙,
홍국쌀가루 100g, 막걸리(석임) 73g(백미 1kg, 누룩 150g),
삭힌 쌀가루 100g, 타피오카 전분 20g,
토종 우리밀가루 100g, 소금 3g, 설탕 10g, 끓는 물 90g,
계핏가루 2g, 설탕가루 20g, 콩가루 20g, 생강가루 1g

만드는 법

1 만들어 둔 석임을 준비하고 홍국쌀은 불렸다가 가루를 내서
   준비한다.

2 모든 가루를 모아 체로 치고 소금과 설탕을 넣은 후 석임과 끓는
   물을 넣고 반죽한다.

3 발효시켰다가 쳐서 공기를 집어 넣고 모양을 잡은 후 기름에 튀긴다.

4 계핏가루와 콩가루, 설탕가루, 생강가루를 뿌려 먹는다.

석임: 쌀을 깨끗이 씻어 물에 담갔다가 겨울에는 10일, 봄가을에는 5일, 여름에는 3일 동안 둔다. 꺼내서 푹 찐 후에 누룩을 조금 넣고 충분히 치댄다. 항아리에 넣고 봉해 겨울에는 따뜻한 곳에 두고 여름에는 서늘한 곳에 두었다가 삭아서 술이 되면 꺼내서 쓴다. 맛이 조금 시고 떫으면서도 미끈거려야 좋다.

tip. 발효는 천천히 하루 정도 발효시키면 더욱 좋다.

홍국산수유쌀은 빛깔이 곱다. 홍국은 쌀을 누룩곰팡이로 발효시켜 만든다. 모나스쿠스(monascus)로 불리는 곰팡이균은 콜레스테롤을 분해하는 효과가 뛰어나다.

산수유는 신장을 보하는 약재로 성질은 약간 따뜻하고 시다. 허리가 아프거나 어지럽고 이명이 있으며 소변이 자주 마려운 사람에게 효과가 있다. 항산화 작용이 있으며 피로를 풀어주고 면역력을 길러준다. 석임은 발효를 활발하게 해주고 소화가 잘되게 해준다.

타피오카 전분은 열대 지방의 카사바 뿌리에서 나온 전분 가루로 부드러우면서 쫄깃한 식감을 가지고 있으며 소화도 잘된다. 글루텐 성분이 없어 밀가루 대신 쓰기에도 좋다. 전분이지만 소장에서 흡수되지 않고 대장에서 분해되기 때문에 소화 흡수가 느려 다이어트에 도움을 준다. 원래 카사바에는 섬유질과 비타민 C와 각종 미네랄이 풍부하게 들어있지만 저분으 밀가루대용으로 쓰기에 적당하다.

자갈구이 장산자

담백하고 건강하게 구운 과자

재료: 발효 찹쌀가루 200g, 된장 13g, 소주 20g, 콩즙 10g, 물 22g,
발효 찹쌀가루 100g, 고추장 8g, 소주 12g, 콩즙 5g, 물 10g
고물: 쌀튀밥 30g, 당귀튀밥 30g, 꿀

만드는 법

1 발효 찹쌀가루를 체에 내리고 된장을 물에 푼 다음 물과 콩즙을
  모두 섞어 반죽한다.

2 구멍떡을 만들고 고추장도 위와 같이 해 구멍떡을 만든다.

3 물이 끓으면 구멍떡을 넣고 떠오르면 2분 정도 푹 익힌다.

4 건져서 절구에 넣고 실이 날 때까지 충분히 친다.

5 잠시 굳도록 둔 다음 덧가루를 뿌린 후 위에도 뿌리고 반죽을 밀어
  2×1cm 크기로 자른다.

  tip. 두는 그릇에 붙지 않도록 기름을 바르고 넣는다.

6 바탕을 말리고 가루를 털어낸다. 자갈을 충분히 달군 다음 자갈
  위에 바탕을 올리고 돌을 올린다,

7 바탕이 부풀어 노릇노릇 구어지면 꺼낸다.

달군 자갈에 된장, 고추장을 넣은 유과바탕을 구우면 담백하면서도 소화가 잘된다. 기름이 흔하지 않던 옛날에는 매끈한 돌을 골라 깨끗이 씻어 유과를 굽는 데 사용했다. 바탕이 돌 위에서 천천히 부풀어 오르는데 바삭하면서 구어진 냄새가 구수하다.

구운 다음 시간이 조금 지나면 수분이 완전히 날아가 더욱 고소하다. 칼로리를 걱정할 필요도 없고 특히 된장이 들어간 바탕은 잘 부풀어 오른다. 된장이 바탕을 잘 삭도록 해준다. 된장은 콩이 주원료이기 때문에 다소 쌉쌀한 맛이 있어 이 맛이 싫으면 즙청해서 먹으면 된다.

제니스테인 성분은 암을 예방하고 이소플라본 성분 역시 콜레스테롤 수치를 낮춰준다. 발효 찹쌀가루와 된장, 고추장이 들어가 속을 편안하게 해주는 담백한 과자라 크게 해서 구우면 식사용으로도 먹을 수 있다. 바탕을 가져가 야외에서 구어 먹어도 재미있다.

tip. 원하면 꿀을 뿌리고 튀긴 쌀을 뿌린다. 담백하게 그냥 먹어도 좋다.

부각류

김, 다시마, 미역, 파래김, 가지고추, 새우:
손이 바빠지는 과자 겸 반찬

재료: 김 10장, 다시마 10장 100g, 미역 40g, 가지고추 200g, 파래김 4장,
건새우 40g, 삭힌 찹쌀가루 200g, 다시마, 무, 멸치 달인 물 400g,
도라지가루 1g, 조선간장 16g, 다진 마늘 18g, 설탕 10g, 참기름 15g,
참깨 8g, 말린 찹쌀 30g, 매실즙 12g, 콩기름 적당량,
고추에 뿌리는 찹쌀가루 90g, 율무가루 5g, 소금 3g

만드는 법

1 다시마와 미역은 5×17cm 크기로 자른다. 다시마는 표면을 잘 닦아
   준비한다.

2 맛국물을 내고 찹쌀가루를 체에 내려 맛국물에 탄다.

3 도라지가루와 설탕, 다진 마늘, 매실즙을 넣고 죽을 되직하게 쑨다.

4 간장으로 간을 맞추고 참기름을 넣고 섞는다.

5 고추는 배를 갈라 소금물에 담가 매운맛과 씨를 빼고 가루를 묻혀
   찐다.

6 고추는 다시 풀을 발라 말린다.

7 나머지 재료들도 풀을 바르는데 김은 먼저 한 면을 바르고 한 장을
　 덧붙이고 위에 풀을 칠해 장식을 붙이고 꾸덕하게 마르면 뒤집어
　 나머지 면도 풀을 바른다.

8 같은 방법으로 재료들에 풀을 고르게 발라 바짝 말린다.

9 기름에 양면을 지져 먹는다.

tip. 풀은 되직하게 끓여도 간장과 참기름이 들어가면 농도가 적당해진다. 도라지가루는
　　　 해조류나 새우 등의 비린내를 없애준다.

부각은 얇고 향이 좋은 재료를 골라 찹쌀풀을 발라 튀겨 찹쌀옷까지 먹는 것이고 튀각은 재료 자체를 옷 없이 튀겨 설탕과 깨 등을 뿌려 먹는다. 자체에 수분이 없는 재료가 건조가 잘돼 만들기에 편하다. 부각은 주로 남부 지방 사람들이 잘 만들어 먹는데 아무래도 해산물인 김이 나는 서해나 남해에 면하고 일조량이 풍부해 말리기도 편했다. 김에 묽은 풀을 바르면 얇고 바삭하고 된풀은 옷이 부풀어 튀김 먹는 재미가 있다.

술안주나 밥반찬 과자처럼 먹을 수 있고 보관만 잘 하면 눅지 않고 오래간다. 저장해 두었다가 필요할 때 꺼내 기름을 조금만 두르고 튀겨도 잘 튀겨진다. 부각은 산자처럼 삭힌 찹쌀풀에 마른 찹쌀을 발라 튀기면 더욱 잘 부풀어 톡톡 튀겨진 쌀알이 보기도 좋고 먹기도 좋다.

김을 바를 때는 잘 붙여놓고 팽팽하게 당기면서 바르면 오그라들지 않고 잘 발라진다. 표구할 때 습지를 바르는 것과 같은 요령이다.

김과 파래김은 뜨거운 성질이 있어 찬 성질인 장과 콩기름을 이용하면 음양의 조화가 잘 맞는다. 매실즙을 넣으면 찹쌀풀의 씁쓸하고 매한 맛을 없애 준다. 맛국물이 들어가면 감칠맛이 있지만 튀길 때 자칫 타기 쉬워 온도 조절을 잘 해야 한다.

김부각은 김스낵으로 과자처럼 먹을 수 있어 인기가 많다. 김에는 단백질과 비타민 C가 많이 들어 있고 안정적이며 김은 타우린이 풍부해 김국으로 먹으면 훌륭한 해장국이 된다. 술안주로 김부각을 먹으면 여러모로 훌륭한 안주가 된다.

가지고추는 보라고추라고도 하는데 녹색이던 고추가 자라면서 보라색으로 바뀐다. 안토시아닌 색소가 풍부하고 식이섬유가 많이 들어있다. 안토시아닌 성분은 기름에 볶아먹으면 더 잘 우러나와 부각으로 만들어 먹으면 적당히 매운 향도 나고 부드러우면서도 맛도 좋아 부각 만들기에 적합하다.

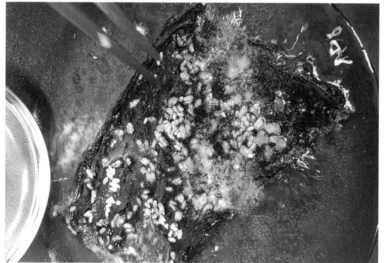

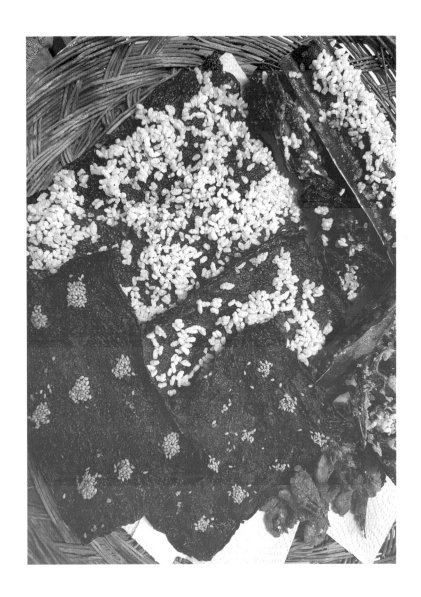

초석잠 조청

순하고 부드러운 단맛

재료: 찹쌀 1kg, 엿기름 100g, 물 1L, 초석잠 300g, 초석잠 삶는 물 1.5L

만드는 법

1 찹쌀은 깨끗이 씻어 4시간 정도 물에 불린 다음 고두밥을 짓는다.

2 엿기름은 물을 부어 2시간 정도 둔 다음 주머니에 부어 주물러 엿기름물을 뺀다.

3 그사이 초석잠은 얇게 썰어 물을 1L 정도 붓고 푹 달여 주물러 즙을 빼 둔다.

4 엿기름은 다시 물을 부어 가라앉히고 맑은 물만 따라내 고두밥에 붓고 초석잠 달인 물도 같이 붓고 60도에서 8시간 둔다.

5 밥알이 10개쯤 동동 떠오르면 따라내 짜서 액을 펄펄 끓인다.

6 처음에는 센불에서 2시간 정도 수분을 날리고 묽은 조청이 될 때까지 불을 줄여 4시간 정도 곤다.

한과를 만들려면 반드시 조청을 만들어야 한다. 겉보리를 싹 틔운 엿기름은 당화 효소가 많아 곡물 속의 전분을 당화시켜 부드러운 단맛의 조청이나 엿을 만들 수 있게 해준다.

조청 고는 냄새가 나면 명절이 다가온다는 표시였다. 꼬박 이틀을 솥에 불을 떼며 붙어있어야 만들어지는 고된 작업이지만 한번 만든 조청은 한과 만들기뿐 아니라 반찬 만드는 데도 요긴하게 쓰인다.

여기에 초석잠을 넣으면 두뇌 건강에 좋은 기능성 엿이 완성된다. 초석잠은 익으면 감자처럼 부드러워 잘 으깨진다. 맛도 순하고 달이면 빛깔도 연한 보리차 빛에 맛도 달아 식혜에 넣기 적당하다.

tip. 중간에 설탕 1스푼을 넣어주면 마지막에 식혜가 더 잘된다. 흐르는 정도의 묽은 조청을 만들어 발라야 산자가 너무 달지 않아 좋다.

재료: 초석잠 200g, 꿀 100g, 올리고당 50g, 물 100g

초석잠정과 만드는 법

1 초석잠에 위의 재료를 넣고 약불에서 초석잠이 윤기가 나고
   투명해지도록 졸인다.

tip. 물은 부족하면 추가로 더 넣을 수 있다.

딸기샌드 산자

상큼하고 가벼운 딸기 맛 산자

재료: 딸기 132g, 그래뉴당 45g, 레몬즙 5g
밀크잼: 우유 500g, 그래뉴당 100g, 럼주 5g, 바닐라에센스 2g
(딸기 100g은 반건조해서 준비한다.) (미리 산자바탕을 튀겨 준비해 둔다.)

딸기잼 만드는 법

1 딸기는 씻어서 꼭지를 자르고 얇게 잘라 반건조시킨다.

2 우유와 그래뉴당, 럼주와 바닐라에센스를 넣고 걸쭉해질 때까지
   약불에서 졸인다.

3 딸기는 미리 꼭지를 따고 그래뉴당에 재워 놓았다가 중불에서
   졸인다.

4 준비한 산자바탕에 밀크잼을 얇게 바르고 반건조 딸기를 붙인다.

5 아래 바탕에 밀크잼을 도톰하게 올리고 딸기잼을 바른 후 위잣을
   올린다.

봄이 오면 나른한 몸에 필요한 건 비타민 C가 풍부한 과일이다. 딸기는 빨갛고 윤기가 흐르면서 씨가 콕콕 박혀 사랑스럽다. 녹색의 꼭지는 빨간 깨 얼굴에 생동감을 준다. 딸기가 익어가는 향은 마음에 아름다운 상상을 불러일으킨다.

시고 단맛이 서로 달라 그냥 먹든 잼을 만들든 딸기는 어디에나 잘 어울린다. 딸기가 올라간 과자는 모두 눈길을 사로잡는다. 산자바탕에 직접 만든 딸기잼을 바르고 딸기와 천상궁합 상앗빛 우유잼을 바른 뒤 딸기 덩이를 툭툭 올린 샌드는 가벼운 봄을 먹는 기분이다. 버터가 들어간 것보다 가볍고 칼로리도 낮춰 부담없이 먹을 수 있다. 계절 과일을 올려 즐겁게 산자를 꾸며 볼 수 있다. 크고 속이 빈 딸기보다는 신맛이 좀 있고 크기가 중간 정도 되는 딸기가 잼을 만들거나 반건해서 사용하기에 편하다. 산자의 무던한 맛을 연유맛 우유잼과 새콤한 딸기잼이 살려준다. 산자 사이로 우유잼과 딸기잼이 흘러내리는 모습이 보고만 있어도 행복하게 만든다.

우유잼은 우유를 농축해 풍미도 좋고 칼슘이 풍부해 골다공증의 위험을 낮춰준다. 우유 속의 라이소자임은 세포벽을 강화해 세균의 감염을 막아주며 락토페린 성분은 면역 세포를 활성화시켜준다.

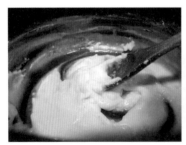 

tip. 밀크잼은 눋지 않도록 계속 저어준다. 홍차와 함께 먹으면 잘 어울린다.

오곡 산자 스낵

건강한 토종 곡류 과자

재료: 발효 찹쌀가루 50g, 자색옥수수 가루 100g, 앉은뱅이밀 가루 20g,
귀리 가루 20g, 콩가루 20g, 차조 30g, 소금 2g,
드라이이스트 1g, 물 125g, 꿀과 올리고당 50g, 식용유 적당량
소: 초콜릿, 곶감 적당량

만드는 법

1 가루 재료들을 모두 체에 내리고 드라이이스트를 풀은 미지근한
   물에 반죽하다가 소금을 넣고 마저 반죽한다.

2 반죽을 3등분해 하나는 끓는 물에 구멍떡을 만들어 삶아 건져
   끈기가 생기게 치고 나머지는 2시간 이상 발효시킨다.

3 발효가 되면 가스를 빼고 다시 한 번 40분 정도 더 두었다가 적당한
   크기로 나눠 준비한 소를 넣고 만두과를 빚어 시럽에 즙청한다.

4 나머지 3분의 1은 둥글게 빚어 위에 차조를 찍어 오븐에 넣고 170도에서 20분 정도 굽는데 중간에 꺼내 시럽과 계란 노른자를 칠해 굽는다. 마지막에 한 번 더 칠해준다.

5 친 바탕은 늘리고 차조를 묻혀 잘라 말린 다음 기름에 튀기고 꿀을 바른다.

6 완성한 3가지 과자를 접시에 올린다.

tip. 바탕은 낮은 온도에서 160도를 넘지 않도록 천천히 튀겨야 보라색이 살고 바삭하게 잘 튀겨진다.

자색옥수수를 써서 만든 오색곡물산자는 보라색이 곱기만 하다. 고운 보라색은 흔하지 않은 색으로 가루를 내서 이런저런 음식에 활용하면 영양적으로도 균형이 맞는다. 밀가루와 귀리 가루, 콩가루가 들어가 빵 같으면서 산자의 성격도 가지고 있다. 산자 형식을 가진 것은 160도를 넘지 않게 천천히 튀기면 통통한 산자가 된다. 고온에서 튀기면 도리어 색이 누래지고 모양도 통통하지 않다.

오븐에 구우면 빵의 성질이 잘 살아난다. 만두과는 소를 원하는 대로 넣어 피와 함께 만들어 잘 활용할 수 있다. 곶감과 초콜릿은 달고 쓴 맛의 대비가 되어 건강한 맛을 만들어준다.

자색옥수수에는 눈에 좋은 안토시아닌 성분이 함유되어 있다.

귀리는 곡류 중에서 단백질, 필수 아미노산이 풍부하기 때문에 쌀과 혼식해서 먹으면 서로 보완되는 효과가 있으며 귀리는 식이섬유인 베타글루칸이 많아 변비를 예방해주고 급격한 혈당 상승을 막으며 혈압을 낮춰준다. 칼슘과 철분도 많아 골다공증과 빈혈을 예방한다. 차조는 무기질이 풍부해 쌀과 함께 먹으면 서로 영양을 보완해준다.

머위 꽃 부각

땅을 뚫고 나온 쌉쌀한 맛의 보석

재료: 머위 꽃봉오리 10개, 발효 찹쌀가루 100g,
멸치육수간장 10g, 소금 1g, 콩기름 3컵

만드는 법

1 머위 꽃봉오리의 대를 잘라내고 꽃봉오리를 열어 잎을 밑으로
   제낀다.

2 끓는 물에 꽃봉오리를 넣고 10초 후에 바로 꺼낸다.

3 물기를 닦아내고 건조시켜 준비한다.

4 찹쌀가루를 체에 내리고 물을 붓고 저으면서 된죽을 끓인다.

5 여기에 육수간장으로 간을 하고 소금을 넣어 마저 간을 맞춘다.

6 준비한 꽃봉오리에 가볍게 풀을 발라 건조시키고 바싹 마르면
   170도로 달군 기름에 꽃봉오리쪽을 넣어 20초 뒤집어 10초 정도
   튀긴다.

7 꺼내서 기름을 빼고 먹는다.

봄이면 쑥과 함께 땅을 뚫고 올라오는 머위는 남들보다 먼저 생명의 등을 켜는 부지런한 식물이다. 짙은 빛을 띠기 전 앳된 연두색 대가 주는 쌉싸레한 맛은 자신의 개성을 뚜렷하게 각인시킨다. 열렬한 숭배자를 모으는 그런 맛이다.

봄의 신부를 위한 부케가 비늘 같은 작은 잎에 싸여 오밀조밀 땅에서 피어 올라와 있다. 놀라울 정도로 하루가 다르게 성장하는 꽃을 꺾어 봄 부각을 만든다. 한과의 옷을 그대로 옮겨 꽃에 입히면 건강한 봄의 맛을 느낄 수 있다. 데칠 때는 머위 꽃의 색감이 살도록 소금을 넣고 꽃봉오리를 바로 빼야 한다. 잠깐 데치고 오래 튀기지 않는다. 덜 핀 꽃은 쓴맛이 적어 잘 보고 있다가 10여 일 사이에 꺾어 먹으면 최고의 시절식이 된다.

부각은 반찬이면서 동시에 술안주, 주전부리 역할을 한다. 쓸모 많은 심심 풀이 간식이다. 시간 날 때 부각을 재미 삼아 만들어 두면 갑자기 찾아온 손님에게 당황하지 않고 내놓을 수 있다. 머위 꽃대의 맛이 살도록 마늘이나 다른 양념은 하지 않는게 좋다. 바삭하면서 살짝 쓴맛이 돌아 맛을 아는 사람들은 다시 올 봄을 고대한다.

tip. 꽃봉오리가 핀 것은 쓴맛이 강하므로 꽃봉오리가 열리지 않은 어린 것을 사용한다. 겉의 붉고 억센 잎은 제거한다.

* 머위의 영양

머위는 다 자란 것보다 덜 자란 새순에 카로틴, 비타민 A, B1, B2, 나이아신, 비타민 C, 칼슘 같은 무기질이 풍부하다. 정유 성분이 있어 쓴맛이 나면서 식욕을 돋우고 위액의 분비를 촉진해 소화를 돕는다. 특히 쓴맛을 내는 성분인 퀘르세틴, 캠페롤, 페차시틴, 이소페타시틴과 잎에 들어 있는 플라보노이드, 사포닌 성분은 여주을 없애주는 효과가 뛰어나다, 미이노 헤그나 피긴미한기, 긴도 난인, █ ▍증, 다래끼, 옹종 치료제로 널리 쓰였다.

오곡 토종 콩 누룽지 강정

고소한 영양만점 바

재료: 오곡 누룽지(백미, 현미, 찹쌀, 흑미, 콩) 160g,
등틔기콩 110g, 견과류 100g, 마른 톳 10g, 크랜베리 38g,
물엿 230g, 설탕 35g, 콩기름 18g, 다크초콜릿 57g

만드는 법

1 누룽지는 손으로 잘게 부수고 한 번 더 볶아준다. 등틔기콩은 미리
　불렸다가 물을 빼고 달군 팬에 천천히 콩껍질이 튈 때까지 노릇하게
　볶아낸다.

2 견과류도 팬에 볶고 마른 톳은 깨끗하게 털고 긴 잎줄기는 제거한
　후 잘게 떼어둔다.

3 물엿, 설탕, 기름을 넣고 젓지 말고 바글바글 끓인다.

4 동시에 다크초콜릿도 중탕해서 녹인다.

5 끓는 시럽에 실이 생기면 재빠르게 볶은 재료를 넣고 중탕한
　초콜릿을 넣고 주걱으로 고르게 섞는다.

6 강정틀을 준비해 붙지 않도록 기름칠을 하거나 랩을 깔고 반죽을
   부어 빈틈없이 채워지도록 방망이로 표면을 고르게 밀어 잠시
   식도록 두었다가 굳으면 칼로 자른다.

7 잘라서 서늘한 곳에 두어 녹지 않도록 보관한다.

tip. 초콜릿은 타지 않도록 반드시 중탕해서 녹이고 시럽은 끓을 때 찍어 보아 가는 실이 보
     이면서 액이 떨어지면 재빠르게 재료를 넣고 빠르게 섞는다. 누룽지는 기름을 조금 두
     르고 볶으면 더욱 고소하고 바삭한 맛이 난다. 칼로리가 걱정되면 그냥 볶아서 넣는다.

들깡 달깡 가마솥에 새앙쥐가
들깡 달깡 누룽지를
박박 긁어서 너 한입 나 한입

새앙쥐는 우당탕탕 큰 쥐들이 소란스러운 것과는 달리 작고 귀여운 모습으로 사람들과 한 공간에서 살며 눈치를 보다가 잽싸게 먹을 것을 물고 도망가곤 했다. 때로는 대담하게 작은 틈만 있어도 들어와 있다가 사람과 눈이라도 마주칠라치면 서로 놀라 작고 당돌한 눈으로 바라보다가 시야에서 사라졌다. 달고 구수한 누룽지를 새앙쥐처럼 드나들며 맛있게 먹는 모습이 웃음을 자아낸다.

누룽지는 서서히 캐러멜화가 된 쌀알이 달고 구수한 향을 품어 사람의 심신을 편안하게 해주는 특별한 존재다. 밥을 먹고도 누룽지 배는 따로 있을 정도로 침과 함께 꼭꼭 씹어 생긴 단물은 어떤 과자와도 비교할 수 없는 맛이다. 저장성도 좋고 원하는 대로 촉촉한 누룽지부터 바삭한 누룽지까지 재주껏 만들 수 있다.

오곡으로 만든 바삭한 누룽지에 견과류와 톳, 등틔기콩, 크랜베리를 볶아 넣고 초콜릿을 넣어 버무려 강정을 만들었다. 콩은 색깔, 무늬, 모양, 열리는 형태, 용도, 파종기와 익는 시기, 파종 장소, 지방에 따라 품종별로 붙이는 이름이 다르다. 강원도 한아가리콩, 제주도 푸른독새기콩 등 등이 잘 터지는 콩이 나온 것을 선발 육종해 만들어진 콩인 등틔기콩은 장콩으로 장을 담그는 데 쓴다. 푸른빛에 붉고 노란빛이 부분부분 돌고 익으면 노란색으로 변한다. 푸른독새기콩은 이소플라본 함량이 높고 장맛이 좋다. 등틔기콩 역시 비린맛이 적고 맛이 깔끔하면서 고소하고 달며 다른 부재료와 잘 어우러져 블렌딩하기 좋은 콩이다.

토종 콩의 깔끔한 맛과 누룽지의 고소한 맛, 톳의 씹는 맛이 잘 어우러져 건강한 간식이 된다.

으름콩잼과 하늘마 소로 맛을 낸 번

서늘한 넝쿨 그늘 아래 열린 결실

재료: 으름 알맹이 200g, 꿀 30g, 설탕 20g, 한천가루 2g,
사과식초 5g, 물 60g, 콩 30g, 꿀 30g, 설탕 16g, 물 400g,
하늘마 110g, 양파 80g, 소금 2g, 기름 조금,
번 2개, 바르는 치즈 32g, 버터 30g

만드는 법

1 으름은 속 알맹이만 빼내 꿀을 넣고 약불에서 끓인다.

2 수저로 살살 으깨다가 씨가 풀어져 나오면 체에 밭쳐 씨를 걸러낸다.

3 물을 부어 거르고 거른 즙에 설탕과 식초를 넣고 아주 약한 불에서
   졸이다가 한천을 넣고 저어준다.

4 콩은 물을 넣고 삶다가 물을 따라 내고 다시 물과 꿀을 넣고
   ﹖﹖﹖﹖ 설탕을 넣고 미려 끓인다.

5 끝까지 조리지 말고 즙액이 자작하게 남았을 때 걸러 콩알만 건진다.

6 건져 두었던 콩알을 조리던 으름잼에 함께 넣어 조린다.

7 하늘마는 껍질을 벗기고 채 썰어 물에 헹구고 양파도 얇게 채 썬다.

8 팬에 기름을 조금 두르고 하늘마채와 양파채를 갈색이 날때까지
   충분히 약불에서 볶는다. 소금으로 간을 맞춘다.

9 번을 벌려 취향에 따라 버터, 치즈, 잼을 차례로 올리고 볶은 채를
   듬뿍 올린다.

tip. 콩을 충분히 삶은 후에 당분을 넣어야 콩이 딱딱해지지 않는다.

능소화, 등나무, 으름, 하늘마 모두 넝쿨 줄기가 손수 엮어준 구조물을 타고 올라가 시원한 그늘을 만들어준다. 능소화는 여름내 주황색 꽃과 구불구불 줄기가 담장과 대문 위 장식의 뾰족한 창살을 유연하게 감싸준다. 등나무의 포도송이 같은 꽃 폭포는 보라색의 아름다움을 한껏 뽐낸다.

함라의 오래된 고택 창호가 가진 격자무늬의 기하학적인 미를 감상하는 사이 문득 눈에 들어온 으름의 생김생김은 신기했다. 갓 구운 빵을 닮은 포근포근한 껍질속에 드러난 열매에 시선이 절로 간다.

하늘마는 게으른 농부를 위한 선물이다. 변변히 돌보지도 않고 그저 지지대를 만들어 주고 비료 한번 주었을 뿐인데 봄 지나 쑥쑥 잘 자라 시원한 그늘사이로 단단한 열매가 넘치게 달린다. 화수분인가 따도 따도 부지런히 열매를 매달아준다. 가는 등줄기 타고 양분 흐르는 소리가 들리는 것만 같다. 그저 여기저기 열린 가을 콩을 모아 두었다 마른 콩깍지를 훑으면 제법 콩이 손바닥에 모인다. 동부콩, 푸르데콩, 호랭이콩 이름을 다 몰라도 재미있다. 가을이 준 선물들을 모아 손쉽게 먹을 수 있는 핫도그 번 안에 담았다. 으름콩잼은 씹히는 맛이 있고 고소하면서도 으름의 단맛과 살짝 탄력이 느껴지는 식감이 흥미롭다. 하늘마는 감자 맛과 비슷해서 양파와 천천히 오래 볶으면 허기도 달래주면서 고소한 맛이 잘 어울린다.

으름은 우리나라 고유의 토종 식물로 조선의 바나나로도 불린다. 과육은 달콤하지만 검은 씨는 쓴맛이 난다. 목통이라고도 불리는 으름은 진통 효과가 있고 이뇨 작용을 한다. 잎, 열매, 종자, 목질부 모두 먹을 수 있다.

하늘마는 땅속에서 자라는 참마와 달리 넝쿨성 식물로 지지대를 설치해주면 타고 올라가 으름처럼 시원한 터널을 만들어준다. 병충해가 별로 없어 농약을 치지 않아도 잘 자라고 수확도 열매로 따기 때문에 편하다. 하늘마는 미끄러운 점액질인 뮤신이 있어 위점막을 보호하고 소화흡수가 잘되며 염증을 줄여준다. 생으로 먹으면 사포닌이 들어 있어 약하게 쌉싸래한 맛이 있는데 혈액을 맑게 해주며 익히면 감소하므로 쓴맛이 싫으면 조리해서 먹으면 된다.

Classique Mous
THE HUMAN HEART HAS HIDDEN TREASURES
IN SECRET KEPT, IN SILENCE SEALED.

국수 산자

손쉽게 만드는 튀김 과자

재료: 푸실리 50g, 링귀니 30g, 메밀국수 26g, 우리 밀 국수 31g,
월남쌈용 라이스페이퍼 1장, 꿀 100g, 장식용 초콜릿 30g, 흰깨,
검은깨 각각10g씩, 식용유 2컵

만드는 법

1 메밀국수와 우리 밀 국수를 잘게 부순다.

2 라이스페이퍼를 170도에서 튀기고 링귀니와 푸실리도 튀긴다.

3 메밀국수와 우리 밀 국수를 180도 기름에 잠깐 튀겨 기름기를 뺀다.

4 튀긴 푸실리와 링귀니에 꿀을 붓고 자잘한 국수 튀긴 것과 깨,
   장식용 초콜릿 등을 뿌려준다.

5 튀긴 라이스페이퍼에 담아 함께 먹는다.

어느 집이나 가지고 있는 마른 면 종류를 이용해 간편하게 고소한 과자를 만들어 봤다. 이탈리아 건면 중에서 푸실리와 링귀니는 튀겨서 꿀을 바르면 원하는 재료로 고소하게 혹은 달콤하게 무언가를 붙이기 좋다.

국수나 이탈리아 건면들은 크게 일어나지는 않지만 바삭하게 노릇노릇 튀겨 주전부리를 만드는 재미가 쏠쏠하다. 무엇 하나 허투루 버리지 않고 쓸모를 찾아 이리저리 활용하던 어머니들의 지혜로움이 생각난다.

라이스페이퍼는 쌀로 만들어 우리에게도 친숙한 느낌을 준다. 얇은 쌀로 만든 떡인 라이스페이퍼는 부드럽고 쫄깃하며 소화가 잘돼 누구나 먹기에 좋다. 기름에 튀기면 꽃처럼 화악~ 피어나는 게 신기할 지경이다. 부푸는 모양에 빠져 타이밍을 놓치면 기름 위에서 제멋대로 피어나 그릇 모양이 안 된다.

쌀죽을 얇게 펴서 찐 다음 볕과 그늘에서 말린 라이스페이퍼는 언제든 튀겨서 먹거나 쪄서 먹거나 응용하기 좋다. 쪄서 말린 일종의 바탕들은 유통기한이 길어 비상식량 역할을 톡톡히 한다.

tip 라이스페이퍼를 튀길 때는 수저로 기운대로 움직여 모양을 잡아주어야 그릇처럼 잘 튀겨진다.

한과의 미래

      서양사람들은 한과의 끈끈한 맛과 이에 달라 붙는 성질을 싫어한다고 말한다. 누구나 자신들이 속한 문화권에서 익숙하게 먹고 자란 음식을 좋아하고 안도하고 선호한다. 심지어는 다른 문화권을 음식을 혐오하기도 한다.

그러나 그 나라의 문화를 이해하고 자주 접하다 보면 이런 거부감과 혐오는 대부분 사라진다. 도리어 다른 나라의 문화를 연구하고 본질을 파악해 주체적으로 수용해서 삶의 질을 향상하고자 했던 〈정조지〉 과정지류의 내용은 큰 도움이 된다. 밀전과와 당전과, 포과, 외과가 보편적인 과일이나 채소를 이용한 과자의 성질을 가졌다면 법제과는 한의학적인 양생, 즉 과자도 건강에 도움을 줘야한다는 의식을 담고 있다. 끝에 점과는 우리가 알고 있는 한과로 마무리하고 있다.

과자의 본질적인 속성과 우리나라 형편과 취향에 맞을만한 외국의 과자도 책 속에 실어 외국의 문화를 적극적으로 자기화 할 수 있게 했다. 문화는 각자가 가진 고유성이 모여 이루어진 이합성의 합집합이다.

한과는 우리 민족의 삶속에서 자연스럽게 궁리하고 만들어 먹으며 발전한 고유의 가치있는 문화이면서 동시에 동북아시아의 보편성속에서 중국, 일본과 서로 영향을 주고 받으며 만들어졌다. 그러나 〈정조지〉 과정지류 분류체계 속에서 우리나라만의 특별한 가치를 구분해 낼 수 있다.

한과는 손이 많이 가고 만들기 힘들지만 대가족 사회가 가진 따뜻함과 쌀에 대한 감사와 경의로움이 담긴 아름다운 전통이 담겨있다.

한과를 먹으며 우리가 누군지 생각하고 우리를 키운 농경문화의 포용과정을 나눠 먹는 시간으로서의 가치가 있다.

제물로 올리는 과자는 신을 기쁘게 하고 제사 후 사람들이 나눠먹으며 신계와 인간계를 잇는 매개물의 역할을 했다. 조상의 음덕은 살아있는 후손들에게도 영향을 미친다고 생각해 제물을 음복하며 시공간을 함께 했다.

〈정조지〉속의 과정지류가 《임원경제지》속에서 한 축을 차지하면서 절식으로 향례지에 나오는 여러가지 의례음식으로 의미와 가치를 살펴 볼 수 있고 재료의 성질과 농사법, 보관법, 약성,차와 술과 함께 어떻게 삶을 풍성하게 해주는지 삶의 전체 그림속에서 볼 수 있게 해준다.

과정류는 다양해진 입맛속에 명절에나 맛보는 특별한 존재가 되었다. 한국의 우수한 문화가 세계적으로 인기를 끌고 있는 요즘 한국을 제대로 알려는 진지한 움직임들이 구체화되고 있다. 프랑스의 한국문화원에서는 한식을 배울 수 있게 했고 한식에 관한 콘텐츠를 보강하고 한국문화를 체험할 수 있게 다양한 기회를 마련했다.

〈정조지〉속 음식들은 음식문화와 연결되어 있기 때문에 음식만을 따로 떼내어 보기 보다는 한옥, 한복, 한식과 우리나라의 농경문화에 따른 절기음식, 세시풍속과 연결지어 상품화하고 홍보하는 것이 타당하다고 본다. 정월에는 강정과 식혜, 생강정과, 모과차, 유자차, 귤차를 복조리와 함께 선물한다. 과자함의 바닥에 윷판을 새겨 같이 윷놀이를 할 수 있게 한다. 대보름날은 찹쌀엿이나 수수엿, 좁쌀엿 등을 선물한다. 약식을 만들어 나누어 먹는다. 부럼세트를 만들어 선물하거나 견과류로 만든 강정이나 바를 만들어 선물한다. 한해의 건강을 기원한다. 입춘, 우수 같은 봄절기에는 콩을 볶아 먹는다. 3월 삼짇날에는 화전을 붙여 먹는다. 고운 꽃잎을 따서 봄의 미각을 살린다. 나비점을 친다. 4월 연등절에는 수리취떡을 먹고 초파일에는 여러가지 등을 만들어 단다. 수복 등 기원을 담는다.

한식날에는 불을 때지 않고 밥이나 반찬이나 모두 찬 것을 먹었다. 산에 나무를 보호하자는 뜻도 있었다. 소만에는 풋과일을 조심하고 단오에는 앵두화채, 보리수단, 증편, 재증병, 계피떡을 먹었다. 창포물에 머리를 감고 수리취떡을 먹었다. 창포뿌리로 비녀를 만들어 꽂았다. 유두절에는 미숫가루를 타먹고 술과 안주를 싸서 산이나 강가에서 유두연을 즐겼다. 국수나 떡을 만들어 조상에게 제사를 지냈는데 유두천신이라고 하고 유두는 큰 명절이었다. 유두에는 액을 면하기 위해 팥죽을 끓여 먹었다. 백중날에는 식재가 풍성한 때라 백가지 음식을 차릴 수 있다고 해 조상께 음식을 바치고 노래와 춤을 추며 놀았다. 칠월칠석에는 호박떡을 만들어 먹고 감을 따 먹었다. 시원한 기운이 도는 처서를 지나 추석에는 송편, 시루떡을 해먹고 햇과일에 약식, 식혜를 만들어 먹었다. 송편에 치자와 맨드라미로 색을 넣어 삼색송편이나 포도물, 쑥을 넣어 오색송편을 만들어 먹었다. 이른 벼를 수확한 올기쌀을 간식으로 먹었다. 달빛 아래 강강수월래를 어린아이들이나 처녀, 부녀자들이 즐겼다. 중양절에는 국화주와 국화전 등을 즐겼다. 상강에는 첫서리가 내리고 겨울채비를 서두른다. 음력 10월에는 콩떡, 콩밥을 해먹고 입동, 소설이 지나면 추위가 절정에 달하고 동지에는 팥죽을 쑤어 먹는다. 동지를 작은설이라고 해서 팥죽을 먹고 나이를 한살 더 먹은걸로 쳤다. 섣달에는 약시나 흰떡, 콩떡, 인절미, 무떡, 호박고지떡을 만들어 먹었다 대한까지 가장 추운 시기가 이어진다.

대략 절기에 관련된 떡과 과정류를 살펴봤는데 절기와 맞는 음식을 연결시켜 의미를 살렸으면 한다.

과정류는 의례음식으로서의 의미를 가지고 있다. 통과의례 음식으로서 의미를 다시 되살려 혼례, 성년식, 백일, 돌잔치, 졸업, 입학식, 생일날 등 각종 기념일에 맞는 한과를 선물하는 것도 좋은 방법이다.

과정류는 첨가물이 들어가지 않은 건강식이고 산패방지를 위해 포장을 개선하고 유통기한을 지켜 상품화하고 우리의 뛰어난 나전, 죽세공, 목공, 도자기, 한지문화를 결합해 한 번 쓰고 버리는게 아니라 생활용기로 재사용할 수 있는 함이나 동고리, 모반 같은 용기를 재해석해서 만들어 담는다.

포장에 전통적인 매듭이나 자수, 조각보 등을 활용하고 함께 마실 수 있는 음청류와 한국전통꽃을 활용한 꽃차와 주류를 곁들인 구절판 등을 상품화해서 목적에 맞게 선물할 수 있게 가격과 패키지를 다양화시킨다. 젊은층도 쉽게 접근할 수 있는 스토리와 가격대를 만들어 자주 접할 수 있게 한다.

인성교육을 위해 한과와 다도체험 등을 통해 선비정신과 예절교육을 실시하고 전인적인 인간으로 자랄 수 있게 음식예절교육을 함께 실시한다. 자라나는 세대들은 어려서부터 서양식 교육과 서양식 집, 서양 의복에 익숙해져 이제는 전통음식을 접하면 외국음식같다고 느끼는게 현실이다. 진정한 세계화는 우리부터 제대로 우리 전통문화의 가치를 알고 제대로 익히고 응용해서 새로운 가치를 창출하고 발전시키는데 있다는 점을 잊지말았으면 한다.

과자 이야기 3편을 마치며

과자는 동경과 환영, 행복감을 가져다주는 만화경 같은 존재다. 쾌락을 주는 형태, 색깔, 질감, 단내, 단맛의 유혹적인 장치를 감춰둔다. 만화경을 들여다보는 순간만큼은 그 작은 세상에 몰입하게 된다. 나라마다 과자를 만들거나 해석하는 방식이 조금씩 다르다.

엿장수는 커다란 엿가위로 장단을 맞추며 엿목판을 얹은 구르마를 몰고 와 동네 아이들을 설레게 했다. 공병, 신발짝, 책 무엇이든 가져다가 엿하고 바꿔먹고 둘이 먹다가 하나가 죽어도 모른다는 호박엿을 녹여 먹었다. 볼에 깨가 붙는지도 모르고 깨엿의 고소함에 빠져 먹다가 잡혀 혼쭐나는 아이들도 많았다. 과자를 맛본 후에 그 정도 꾸지람이야 견딜만했다.

산자는 쌀알이 우박처럼 붙어 있다가 침에 사르르 녹아 내린다. 명절이 아니면 구경조차 할 수 없어 조청 고는 날이면 여러 가지 상상을 하며 온식구들이 즐거워했다. 곳간에 곡식이 풍성하면 쌀을 퍼내 잔치에 쓸 술도 담그고 식혜도 만들고 조청, 엿을 만들고 한과를 만드니 쌀알이 주는 풍성함은 마을 사람 모두를 행복하게 해줬다. 가을걷이를 끝낸 농촌에서 겨울 동안 서로 달콤하고 끈끈한 한과를 만들어 나눠 먹으며 농사의 노고도 위로하고 신에게도 감사하는 마음을 가질 수 있었다. 쌀농사를 지어 한과를 만드는 농촌 마을에는 아직도 한과를 함께 만드는 공동체 구성원들의 따스함이 남아 있었다.

조선은 유학을 통치 철학으로 삼았기 때문에 떡, 과자, 음료 같은 손님을 맞이하고 조상을 섬기는 일에 쓰이는 음식을 장만하는 것이 중요한 일상사였다.

과자라는 음식은 주식과 함께 상에 놓여 계절을 담기도 하고 의례 음식으로 중요한 역할을 해왔다. 늘상 먹는 일상식보다 한 민족의 정체성과 문화적 상징성을 잘 보여준다. 조선 시대까지 이어져 온 우리 역사속에서 과자를 비롯한 음식은 자연환경과 정치, 경제, 사회 등 전반적인 제도와 문명의 장치 속에서 끊임없는 선택을 받으며 발전해왔다.

중간중간에 전쟁이나 외국과의 문물 교류를 통해 새로운 것이 유입되어도 우리 형편에 맞게 더하거나 빼서 입에 맞는 음식으로 만들었다. 이렇게 집안에서 손으로 이어져 오던 전통 한과는 일제 강점기와 근대화, 산업화를 거치며 빠르게 단순화, 산업화되고 말았다.

생산으로부터 멀어진 소비자들은 음식은 집밥, 엄마표 밥상, 고향, 정성껏, 손수, 가정식, 소박한 이런 표현들과 정서에 호소하는 상품에 기꺼이 지갑을 연다.

또 하나는 호텔식, 뷔페식, 럭셔리한, 프리미엄, 궁중식, 진상하던 이런 문구들을 앞세운 차등을 둔 음식을 맛보고 싶어한다.

밀키트, 홈메이드, 수제, 구르메, 명인의, 명장의, …산(産), 맛집 이런 편리함과 미식을 강조한 상품이 팔리고 오가닉, 가치소비, 웨이스트제로, 친환경, 저탄소, 로컬, 에코, 무항생제, 동물복지, 유기농, 방목, 풀을 먹인, 지속 가능한, 비건 등 기능보다는 환경과 복지를 강조한 행복한 식품들이 최근에는 소비자들에게 팔리고 있다.

이런 마케팅이 난무하는 전쟁터 같은 매대에서 선택을 강요당하는 우리에게 전통 음식, 좁혀서 전통 과자는 어떤 의미가 있는지 되짚어볼 필요가 있다. 발은 과거에 뿌리내리고 손은 현대를 살며 머리는 미래를 향한 것이 인간의 조건이다.

〈정조지〉 속의 과정지류는 이런 우리에게 과자의 태생과 원래의 모습, 자연미와 의례 음식으로서 우리 민족의 정체성을 잘 보여준다. 법제와 배합을 통한 새로운 창조는 우리 고유의 과자의 현재 모습을 있게 했다. 더 나아가 과자 속에 문자와 문양, 색채를 통해 우주 삼라만상의 순리인 수복강녕의 염원을 모든 사람이 누리도록 새기고 빚어 오롯이 목기 안에 담았다.

과일을 꿀에 절여 아름다운 빛깔과 모습을 살린 밀전과를 다룬 1권부터 설탕을 입히거나 설탕에 절인 당전과, 중국과 일본의 과자와 햇볕에 말린 포과가 나오는 2권, 불에 굽거나 법제해서 독을 제어한 법제과(법제는 모든 자연의 식재를 쓸 때 우리

가 기본적으로 하는 전처리의 개념이기도 하다.), 마침내는 발효를 바탕으로 한 한과가
등장하게 된다.

밀전과나 당전과에도 과일이나 열매는 편이나 떡 같은 형태로 확장되고 한과에
이르러서는 보관성을 높이는 실용성 위에 찹쌀로 만든 나화나 옥수수로 피운 꽃
을 붙여 미학적인 단계에까지 이르른다. 물들이고 덧붙여서 꾸미는 섬세한 미의
식은 한과에서 절정을 이룬다. 이렇게 만든 한과를 상에 올려 의미를 완성했다.

과자 이야기를 3권으로 나누어 복원하는 과정에서 시간이 갈수록 고민이 커지는
부분에 대한 큰 확신의 글을 읽게 됐다. 《조선요리제법》이 써지던 당시에도 제국
주의의 침략에 휘둘린 우리는 1949년 조선요리발표회 때 위당 정인보 선생께서
축하와 격려를 겸해 써준 서론을 보자.

> '숙영묘(肅英廟) 이래로 학자의 풍기가 점점 자아고구(自我考究)로 향하게 되자 서유본
> 의 부인 빙허각 이씨의 백과사전《규합총서》1권 주사의, 서유구의《임원십육지》8장
> 〈정조지〉 등이 모두 우리 음식에 대한 문헌이요, 김좌균의《송간이록》과 이규경의《오
> 주연문》외 여러 서적에 열거한 것이 있다. 이제 상기한 문헌에서 비교하고 또 궁중
> 어주(御廚)의 법과 고가(古家)의 반빗의 솜씨를 두루 찾아 이 길을 갈고 닦으시는 여러
> 분의 참고에 비하려 한다.'
> 우리 음식에 대한 본보기로 삼을 기록들과 궁중의 요리법과 반가의 조리법을 보태면
> 우리 음식의 모습이 드러나는 셈이다.

요리 연구가, 교육자이면서 특히 한과에 조예가 깊었던 조자호(趙慈鎬, 1912~1976)
는 1939년 서울 반가의 음식을 정리해《조선요리법》을 출간했는데 후식용 과자와
떡 편에서 다음과 같은 글을 남겼다.

> 예부터 우리나라의 음식은 지금은 일본에서 가져가 버린 것이지만 음식을 그릇에 담
> 을 때 맛깔스럽게 조금씩 담았다고 한다. 뿐만 아니라 다식이든 화채든 조금씩 담았
> 고 조그맣게 만들었다고 한다. 그러나 조선 중엽부터 나라가 어지럽고 세도가 성행하
> 여 음식을 차려내는 데도 소위 고봉으로 담기 시작했다고 한다. 우리나라의 요리는
> 지금 여러모로 변화하고 있다. 또 그래야 할 것이다. 그러나 우리 것을 아끼고 우리

것을 사랑하는 마음의 바탕이 있고, 우리 것을 잘 알고 난 후 새로운 요리에 대해 눈을 돌리는 것이 바른 길이라고 본다.

주로 일반인 집안과 조선 시대 궁중에서 들던 후식에 대해서도 새로운 관심을 가지고 고유의 맛을 살려야겠다.

무지와 망각, 무관심은 가장 무서운 형벌이다. 우리의 오늘이 있게 해준 전세대의 경험과 지혜를 알지 못하고 오늘의 할 일에만 몰두하는 우리는 소임(所任)을 다하지 못한다는 생각을 지울 수 없었다.

상전벽해(桑田碧海), 뽕밭은 온데간데 없고 푸른 바다가 된 급격한 변화의 모습을 우리는 곳곳에서 목격한다. 지금까지 산업화와 근대화의 기치 아래 낡은 것을 버리고 새것으로 옮겨가는 일들을 벌여왔다. 자기 것을 스스로 부정하며 지워버리려 한 시기도 있었고 서양의 가치를 맹신하며 우리의 역사성과 가치를 돌아볼 틈도 없이 외부의 것을 따라가기 바빴다. 구습은 구악이 되어 개혁해야 할 허례허식이 되어 근본적인 정신마저 부정해버리는 우를 범하기도 했다. 낡은 것을 보수하고 가꾸기보다는 방치하고 그곳에서 새로운 이득을 가져다줄 재화로서의 가치만을 따져 보기 바빴다.

하나의 쌀알이, 한 알의 과일이 사람의 손을 거쳐 의미를 재획득하는 우리 과자의 연대기는 그래서 감동스럽다. 밀전과에서 출발해 점과로 가는 여정은 기승전결이 있는 사람의 이야기였다. 사람의 지혜와 발상은 고유의 문화를 만들고 그 과정에서 멀리 중국과 일본의 것도 들어와 녹아들고 마침내는 우리만의 과자 문화로 자리 잡아 왔다.

현재 우리가 선택해서 먹는 것들은 결국 의식의 지배를 받는다. 나의 선택이 곧 가치를 대변한다. 〈정조지〉 속의 과자들은 자연과 인간이 조화롭게 공존하는 법을 보여준다. 귀한 손님에게 대접하고 의례상의 맨 앞줄에 정성껏 올렸던 과자는 재료들이 모여 부족함은 메워주고 넘치는 기운은 눌러주며 서로 조화를 이루게 해 사람의 몸에 이롭게 하는 것을 첫째로 삼았다. 몸을 건강하게 유지하는 데 도움을 주고 오래도록 상하지 않게 저장해 언제든 나와 타인을 위해 예를 행할 수 있는 표징이 바로 과자였다. 오로지 단맛, 매운맛, 짭짤한 맛에 숨어 판매 이익에만 열을 올리는 현대의 공장 제과자들과는 확연하게 지향점이 다르다.

오미가 조화를 이루고 법제를 통해 재료를 다스리고 향약을 적절하게 써서 건강을 도모하는 일에 과자도 포함시켰다. 개인의 건강과 사회적인 역할을 다했던 공공재의 성격을 지녔던 과자는 철저히 개인의 쾌락에 봉사하는 비만을 일으키는 첨가물 덩어리가 되었다.

발효 과자로서 한과의 우수성과 자연을 그대로 담은 건강식으로서의 한과가 가진 가치는 무궁무진하다. 화학 첨가물 덩어리, 자연을 거스른 과자에 마비된 입맛을 잠시 잊고 과자의 본래 의미와 만드는 법을 찬찬히 살펴 그 맛을 음미해보는 시간을 이 책을 통해 가져보길 바란다. 시고 쓰고 떫은 맛을 다룰 줄 알아야 짠맛도 견디고 단맛을 즐길 자격이 생기지 않을까 생각해본다.

과거를 현재에 담아 전통을 만들어간다(좌: 혜원출판사, 우: 오르세미술관)

조선셰프 서유구의
과자 이야기 3 법제과·점과편

지은 이　　🔵 풍석문화재단우석대학교음식연구소
　　　　　　대표집필 곽유경
　　　　　　임원경제지 서유구 편찬/임원경제연구소(정정기) 번역

펴낸 이　　신정수

펴낸 곳　　🔵 풍석문화재단
　　　　　　진행 박시현, 박소해
　　　　　　디자인 아트퍼블리케이션 디자인 고흐
　　　　　　제작 상지사피앤비
　　　　　　전화 (02) 6959-9921　E-MAIL pungseok@naver.com

펴낸 날　　초판 1쇄 2023년 11월 1일

후원　　　　🔵 주식회사 오뚜기

ISBN　　　979-11-89801-65-6

조선셰프 서유구의 과자 이야기 3 법제과·점과편(임원경제지 전통음식 복원 및 현대화 시리즈 12)

ⓒ 풍석문화재단우석대학교음식연구소
이 책의 출판전송권은 **풍석문화재단우석대학교음식연구소**와의 계약에 따라 **재단법인 풍석문화재단**에 있습니다.
저작권법에 의해 보호를 받는 저작물이므로 무단 전재와 복제를 금합니다.

이 책은 문화체육관광부의 "풍석학술진흥연구사업"의 보조금으로
음식복원, 저술, 사진촬영, 원문번역, 간행 등이 이루어졌습니다.